Ines Nandi

Transformation
Achterbahn in die Selbstliebe

Ines Nandi

Transformation

Achterbahn in die Selbstliebe

1. Auflage 2018
Ines Nandi
Lebensberaterin und Autorin
Kurt-Schumacher-Str. 15
88471 Laupheim
Mail: inesnandi@gmx.de
Web: www.inesnandi.com
Buchsatz: Christian Balcaen
www.mybookMakeUp.com
Coverbild: Viola Smyrna Ehlers
ISBN: 9783748117605

Bibliografische Information der Deutschen Nationalbibliothek: Die Deutsche Nationalbibliothek verzeichnet diese Publikation in der Deutschen Nationalbibliografie; detaillierte
bibliografische Daten sind im Internet über http://dnb.dnb.de/ abrufbar.
Herstellung und Verlag: BoD – Books on Demand, Norderstedt

Inhaltsverzeichnis

Einleitung

Dieses Buch entstand in einem Zeitraum von knapp zwei Jahren – zwischen dem Spätherbst 2015 und August 2017. Die Prozesse der Transformation, die ich darin nachzeichne, dauern aber teilweise immer noch an. Dies schreibe ich ein Jahr später, Ende Juli 2018. Meiner Wahrnehmung nach befinden wir uns gerade in der „heißen Phase" der Transformation der gesamten Menschheit und unseres geliebten Planeten hin zu einem neuen Zeitalter. Wir alle wissen, dass es ganz schön hoch hergeht auf der Erde. Und so wie zurzeit auf der Ebene der Menschheit immer mehr Dunkelheit – nach und nach *alle* Dunkelheit – nach oben kommt um geheilt und erlöst zu werden, so geschieht es auch bei jedeR einzelnen von uns. Ich selbst bin davon selbstverständlich nicht ausgenommen… Was ich aber für mich feststellen kann: Ich habe mir mittlerweile auf der Grundlage meiner bisherigen Erfahrungen so viel Ur-Vertrauen zurückerobert, dass meine Prozesse sehr viel leichter ablaufen können als zuvor. Ich spüre ein Unwohlsein, eine Trauer, ein Niedergedrücktsein – aha, da meldet sich wieder ein bisher noch nicht gesehener Seelenanteil, der angenommen und umarmt werden möchte! Diesen Anteil nehme ich nun bewusst wahr und lasse ihm Liebe zukommen. Manchmal dauert es nur Stunden, manchmal auch ein oder zwei Tage, dann kann ich wieder tief und erleichtert durchatmen und Freude und Leichtigkeit breiten sich in mir aus. Der „Flow" ist wieder da…

Um dich darin zu unterstützen, dass auch du, der/die du dieses Buch jetzt in Händen hältst, zu deinem ganz eigenen Flow finden kannst, schenke ich dir hier ein paar von meinen bisherigen Lebens-Erfahrungen und eine Reihe von wunderbaren Botschaften – aus der Geistigen Welt, aus der Natur, von meiner Seele, meinem Göttlichen Inneren Kind und sogar von meiner Körperin, die mir mit jedem Tag lieber wird.

Du hast soeben den Ausdruck „Körperin" gelesen, der dich vielleicht ein wenig befremdet. Ich habe ganz bewusst so formuliert, denn schließlich *ist* sie in weiblicher Form erschaffen und geboren. Und ich habe überhaupt in diesem Buch durchgehend so formuliert, dass Männlich und Weiblich beide ihre Berücksichtigung und Wertschätzung erfahren. Kürzlich habe ich überlegt, ob ich Formen wie z.B. „LeserInnen" durch die aktuellere Form „Leser*innen" ersetzen sollte, die ich schöner finde. Aber, ehrlich gesagt, eine entsprechende Überarbeitung meines Textes würde mich viel Zeit und Energie kosten und ich möchte, dass dieses Buch endlich auf den Weg zu dir kommt! Also lasse ich alles so stehen, wie es jetzt gerade ist...

Ich wünsche dir viel Freude beim Lesen, Hinspüren und in den Fluss hinein kommen!

21. Juli 2018
Ines Nandi

Frieden und Liebe finden (eine Meditation)

In meinem Buch „Wenn Bäume sprechen könnten" haben mir schon im Jahre 2012 die Bäume eine einfache und vielfältig variierbare Übung[1] zur Verfügung gestellt, die ich aber, das muss ich leider einräumen, in den vergangenen drei Jahren nur sehr sporadisch praktiziert habe. Wäre ich nicht so nachlässig gewesen, dann hätte ich mit Sicherheit schon früher die Erfahrung gemacht, wie wirkungsvoll die Verbindung mit Erde und Himmel und mit der eigenen Seele uns in unsere eigene Mitte und auf den Weg in die Selbstliebe bringen kann. Nun, es war wie es war, und mein kleines Menschenich hat wohl noch einige weitere Erfahrungen im Auf und Ab der Achterbahn gebraucht, um zurück zu dieser wirklich leichten Meditation zu finden. Vor einigen Tagen hat meine Seele sie für mich in sieben Schritte aufgeteilt, und seither bin ich mit Eifer dabei...

Hier die sieben Schritte, die meine Seele mir gegeben hat:

1. Vorbereitung

Setze dich aufrecht auf einen Stuhl oder in einen Sessel und stelle beide Füße parallel zueinander fest am Boden ab. Atme nun mehrere Male tief ein und denke dabei „Ja!", atme mit einem Seufzer aus und lasse alles los, was dich jetzt belastet.

2. Übergang zum Weichen Atem

Lasse nun deinen Atem ganz weich und in seinem natürlichen Rhythmus fließen. Forciere nichts, lasse ES einfach geschehen.

3. Lichtwurzeln

Lenke deine Aufmerksamkeit auf deine Füße/Fußsohlen. Spüre, wie deine feinstofflichen Lichtwurzeln tief in die Erde hinein wachsen und auch um die Erde herum. Du verbindest dich mit der Erde und umarmst sie mit deinen Wurzeln.

---

[1]   Ines Nandi: „Wenn Bäume sprechen könnten", Pax et Bonum, Berlin, 2013, S. 105/06. (Im Oktober 2017 erschien die Originalfassung „BaumWeisheit" im Selbstverlag über Books on Demand; Übung hier auf S. 103/104)

4. Aura ausdehnen

Wenn du merkst, dass deine Lichtwurzeln im Zentrum der Erde angekommen sind und sie auch ganz umfassen, gehe mit deiner Aufmerksamkeit zu deiner Aura. Spüre, wie sie um dich herum wabert und wogt, und erlaube ihr, sich ganz weit auszudehnen, bis sie die ganze Erde umhüllt. Auf diese Weise nimmst du Verbindung mit dem Himmel/Universum auf.

5. Seelen-Liebe annehmen

Du kannst jetzt am ganzen Körper spüren, wie deine Aura in den Kosmos hinein wirkt. Es ist an der Zeit, mit deiner eigenen Seele Verbindung aufzunehmen, ihre Liebe einzuatmen und anzunehmen. Deine Seele liebt dich bedingungslos und ist für dich da – für dich allein! Die Größe der „Portionen" je Atemzug bestimmst du selbst. Gradmesser ist dein Wohlbefinden.

6. In der Liebe verweilen

In diesem Zustand verweilst du, solange es dir angenehm ist. Das brauchen nur ein paar Minuten zu sein, du kannst aber auch eine ganze Stunde lang so verharren.

7. Rückkehr in den Alltag

Wenn du spürst, dass es für dieses Mal genug ist, bewegst du Hände und Füße, Arme und Beine, dehnst und reckst dich und öffnest langsam die Augen. Du nimmst bewusst den Raum um dich herum wahr. Bleibe noch ein wenig sitzen und lasse das Erlebnis nachklingen. Dann kannst du mit frischen Kräften in deinen Alltag gehen.

Trennungsbewusstsein und Selbsthass

Ich wuchs in einem streng katholischen Elternhaus auf. Streng in verschiedener Hinsicht: In meiner Kindheit in den 50er Jahren des 20. Jahrhunderts lernte ich schon früh, dass es eine Todsünde sei, wenn man als Katholik am Sonntag nicht die Heilige Messe besuchte. Über weitere Lehren der Katholischen Kirche, die mich formten, spreche ich noch weiter unten, denn sie haben mit dem Thema dieses Kapitels sehr viel zu tun. Durchaus streng ging es aber auch im Familienalltag zu, wie dies zur damaligen Zeit völlig normal war, also der allgemeinen gesellschaftlichen Norm entsprach. Kinder hatten nach alter Tradition vor allen Dingen brav zu sein und durften auf keinen Fall in irgendeiner Weise durch besondere Lebendigkeit auffallen. Auch der Ausdruck des eigenen Willens war nicht gefragt, schon gar nicht durch Trotzen. Mein Vater versohlte mir den Po, als ich – noch ein sehr kleines Kind – mein Lieblingsbuch auf den Boden warf und mich weigerte es wieder aufzuheben. Unsere Mutter versuchte ihr Leben lang auszugleichen und für familiäre Harmonie zu sorgen, jedoch gehörte für sie das väterliche „Machtwort" zur Erziehung dazu.

Diese Jahre nach dem 2. Weltkrieg waren eine finstere Zeit, wenn ich mir die Energien anschaue und in sie hinein spüre. Es war damals noch keineswegs klar, dass die Erde und die Menschheit in einen Aufstieg hinein gehen könnten. Das zähe, klebrige alte Massenbewusstsein war allgegenwärtig und seine Inhalte wurden wohl von kaum jemandem angezweifelt, auch nicht von meinen Eltern und Verwandten.

Die Lehren der katholischen Kirche sog ich sozusagen mit der Muttermilch ein. Als Kind und auch noch als Teenager und später als junge Studentin war ich gläubig, fromm und auch autoritätshörig – wobei meine andere Seite, die lebendige und rebellische kleine Ines, zwischendrein immer mal wieder wie ein kleiner Kobold hervorlugte und gar zu gerne jede Menge lustiger Streiche gespielt hätte. Ich komme noch auf dieses Kind zurück. Jedenfalls... ich war in Jesus verliebt und wollte mit acht Jahren unbedingt heilig werden. Ich fragte meine Mutter sogar, wie man das erreicht, aber ich weiß nicht mehr, was sie mir darauf antwortete. Zur Erstkommunion wollte ich unbedingt auch schon mit acht, obwohl mir vorgeschlagen wurde, ein Jahr zu warten und mit meinem Bruder zusammen dieses Fest zu feiern. Nein, nein, den „schönsten Tag in meinem Leben" musste ich schon in diesem Jahr erfahren!

Damals verlangte die katholische Kirche von ihren Gläubigen, dass sie vor jedem Empfang der Heiligen Kommunion zur Beichte gehen sollten. Die Vorbereitung auf den Tag der Erstkommunion beinhaltete also auch den Beichtunterricht. Wir bekamen einen kleinen „Beichtspiegel" für Kinder, wobei mir das 6. Gebot einige Bauchschmerzen verursachte. Für Erwachsene lautet es ja bekanntlich: „Du sollst nicht ehebrechen." Die Formulierung für uns Kleine aber hieß: „Du sollst nicht Unkeuschheit treiben." Oh Gott! Unkeuschheit, was war denn das? Ich ahnte, dass es irgendwie damit zu tun hatte, dass man seinen Körper nicht in einer Weise anfassen sollte, die Spaß machte. In der Tat – ich erfuhr von meiner Mutter, dass nur das erlaubt sei, was der Reinigung diene. Alles weitere sei Sünde. Auch waren offenbar die kleinen Doktorspiele verboten, die ich heimlich mit meinen Freundinnen verbrochen hatte. Kannst du dir vorstellen, mit welch schrecklichem Herzklopfen ich im Beichtstuhl gestand: „Ich habe Unkeusches getan, und einmal mit einem anderen Kind." Die Formulierung weiß ich noch wie heute... Der Priester hinter dem mit Holz vergitterten Fensterchen zeigte keine Regung. Er erteilte mir die Absolution von meinen Sünden und ich sollte zur Buße ein paar Gebete sprechen. Wie frei und rein und „heilig" ich mich fühlte! Das ging mir noch als Abiturientin so – nach der Beichte war ich inwendig wie neu. Leider hielt dieser wundervolle Gnaden-Zustand nie lange an...

In späteren Jahren ging ich seltener zur Beichte, und schließlich überhaupt nicht mehr – die Vorschriften waren seit dem 2. Vatikanischen Konzil lockerer geworden. Die alte Formel jedoch, die Katholiken traditionell vor dem Empfang der Heiligen Kommunion sprechen, blieb und bleibt bestehen. Man klopft sich drei Mal hintereinander an die Brust und spricht jedes Mal die Selbstbezichtigung aus: „Herr, ich bin nicht würdig, dass du eingehst unter mein Dach, aber sprich nur ein Wort, so wird meine Seele gesund." Dieser Satz richtet sich an Jesus, den Gottessohn, der in der Eucharistie seinen in Brot verwandelten Leib den Gläubigen zur Speise gibt. Ursprünglich geht der Satz auf den Ausspruch eines Mannes zurück, der Jesus, den Heiler, zu einem kranken Knecht rief: „Herr, ich bin nicht würdig, dass du eingehst unter mein Dach, aber sprich nur ein Wort, so wird mein *Knecht* gesund". In dieser Form ist er im Neuen Testament überliefert. In der Form aber, wie er von der Kirche eingesetzt wird, ist dieser Satz geeignet, das Gefühl „Ich bin unwürdig, weil ich ein Sünder bin" tief im Unterbewusstsein eines Menschen zu verankern. Ich glaube, dass er geradezu verheerende Auswirkungen auf die Psyche und das Bewusstsein von Generationen und Generationen von Katholiken gehabt hat. Von Demut ist in diesem Zusammenhang die Rede, aber mittlerweile bin ich der Überzeugung, dass wahre Demut etwas völlig anderes ist.

„Herr, ich bin nicht würdig..." Was macht diese Vorstellung mit uns? In allererster Linie macht sie uns ganz, ganz klein – eben „demütig" in Anführungszeichen. Wer „nicht würdig" ist, hat der überhaupt so etwas wie eine Existenzberechtigung?! Und warum sind wir so unwürdig? Ich sprach es schon aus: Wir sind unwürdig, weil wir alle Sünder sind. Weil wir alle ständig in irgendeiner Weise gegen die Zehn Gebote Gottes verstoßen. Aber hier kommt nach der Lehre der Kirche die göttliche Gnade ins Spiel: Jesus spricht „nur ein Wort", und dann ist unsere Seele (für dieses Mal) gesund. Beim nächsten Gang zum Tisch des Herrn müssen wir uns aber erneut an die Brust klopfen, denn wir sind inzwischen ja wieder rückfällig geworden... Ich möchte an dieser Stelle schon einmal behaupten, dass auch die Gnade etwas ganz anderes ist...

Das Bewusstsein, letztendlich ein unverbesserlicher Sünder zu sein, dem immer wieder vergeben wird, was macht nun *das* mit uns? Ganz offensichtlich bringt es uns mehr oder weniger bewusste Schuldgefühle ohne Ende. „Gott ist die Liebe, und *ich* beleidige Ihn immer wieder aufs Neue – ob Er mir denn tatsächlich alles verzeihen wird, wenn es zum Gericht kommt?" Nicht nur Katholiken glauben ja fest daran – denn alle Kirchen lehren dies – dass es nach dem individuellen Tod ein persönliches Gericht durch Jesus/Gott geben wird, und dann noch einmal ein kollektives Gericht am Jüngsten Tage. Das Neue Testament lässt Jesus vom Jüngsten Gericht in einer Weise sprechen, die einem tatsächlich einen Schauder nach dem anderen über den Rücken jagen kann: Er soll gesagt haben, dass dann die einen auf ewig in den Himmel kommen, und die anderen auf ewig dem Feuer der Hölle und der ewigen Verdammnis preisgegeben werden. Ehrlich gesagt, ich glaube nicht mehr daran, dass Jesus so etwas wirklich ausgesprochen und auch noch gemeint hat! Es passt nicht zu dem, wie ich selbst ihn kennengelernt habe, und es passt überhaupt nicht zur Liebe!

Im Religionsunterricht habe ich gelernt, dass das Wort Sünde von dem Wort *ab-sondern* kommt, und absondern bedeutet trennen. Nach dieser Lehre haben wir Menschen uns durch unsere schlechten Gedanken, Worte und Werke von Gott abgesondert, getrennt – das fing ja schon mit Adam und Eva an, die dafür aus dem Paradies vertrieben wurden. Die Konsequenz aus diesen religiösen Vorstellungen mündet in einer grundlegenden Haltung der Selbstverurteilung, die allerdings den meisten Menschen kaum oder gar nicht bewusst ist. Sie projizieren diese Selbstverurteilung auf den strafenden „Lieben Gott"...

Was hat es aber in Wirklichkeit mit diesem Absondern auf sich? Hat es in der Tat etwas mit Schuld zu tun? Meiner heutigen Wahrnehmung nach ist das in keiner Weise der Fall! Ja, wir Menschen haben uns von der Universellen Einheit abgesondert, aber sind wir darum schlecht und Sünder? Letztendlich besteht diese Absonderung genau darin, dass wir uns in ein Trennungsbewusstsein hinein begeben haben, um die Dualität zu erfahren. Wir wollten erforschen, welche Art von Erfahrungen wir in diesem Bewusstsein für GOTT machen können, und bei Gott, das haben wir getan! Wir haben Gut und Böse bis in den letzten Winkel hinein ausgelotet, ein jeder und eine jede für sich selbst, in Hunderten von Erdenleben und mehr. Hier und heute schleppen die meisten von uns immer noch eine riesige Last an alter „Schuld" mit sich herum, ohne sich dessen bewusst zu sein. Die Erwachenden aber, die von diesem Sachverhalt wissen, sehen oft noch nicht so recht, wie sie mit diesen Schuldgefühlen umgehen sollen, wie sie sie loswerden können. Genau diese alten Schuldgefühle sind aber die Grundlage für unseren tiefen Selbsthass, sind die Grundlage dafür, dass viele von uns sich immer weiter selbst bestrafen, indem sie sich durch selbstablehnende Gedanken unangenehme, unerwünschte Erfahrungen ins Leben ziehen.

Noch einmal ganz pointiert: Unser Selbsthass beruht auf diesem Trennungsbewusstsein. Wir haben vergessen, dass wir Göttliche Wesen sind, die eine menschliche Erfahrung durchlaufen. Zu einem ganz bestimmten Zeitpunkt der Entwicklung der Menschheit haben wir es mit Absicht vergessen! Wir haben uns mit Absicht von unserer Ursprünglichen Unschuld als Kinder Gottes abgesondert – eben um diese Erfahrungen zu durchlaufen, die wir auf andere Weise nicht hätten machen können. Wären wir in der Ursprünglichen Einheit, in diesem unendlichen Frieden und Glück, verblieben, wie hätten wir dann die schwärzeste Finsternis ausloten können? Genau das aber wollten wir tun, denn die Göttliche QUELLE wünschte diese Erfahrung. Warum sollte SIE uns jetzt dafür bestrafen wollen?

Ich selbst habe sehr lange gebraucht, um diese Wahrheit, die ich soeben formuliert habe, auch mit dem *Herzen* zu spüren. Was mich letztlich dahin gebracht hat, hierzu in der Lage zu sein, das war ein weiterer „Fehler", der eigentlich nichts anderes als eine weitere sehr wichtige Erfahrung war: die Abfassung einer ersten Version des vorliegenden Manuskripts im Sommer 2015. Ich war zu diesem Zeitpunkt noch nicht in der Lage, die Energie der Selbstliebe zu fühlen, in dieser Energie zu SEIN, und so habe ich möglicherweise sogar dunkle, niedrig schwingende Wesenheiten gechannelt anstelle von Jesus Christus und Lady Diana, deren Worte ich wiederzugeben glaubte. Ja, noch vor drei Monaten (ich schreibe dies am 1. Advent 2015) befand ich mich grundlegend im Bewusstsein der Trennung und hatte den Zugang zu meiner Seele, zu der mir innewohnenden Liebe, noch nicht wiedergefunden! Eine liebe Freundin half mir im Oktober ein wenig auf die Sprünge, und dann entdeckte ich meinen eigenen, ganz persönlichen Zugang zu dieser Liebe. Seither verbinde ich mich regelmäßig mit Himmel und Erde und mit meiner Seele... ich bin auf dem Weg...

Meister Kuthumi: „Wissen", Selbsthass und der Weg in die Einfachheit

Kuthumi:

Ihr Lieben, hier ist Kuthumi. Ihr Menschenengel, die ihr Bücher wie dieses lest, kennt mich teilweise schon, für die anderen möchte ich mich kurz vorstellen: Ich gehörte der Theosophischen Gesellschaft um Madame Blavatsky an, unter anderem zusammen mit dem späteren Meister El Morya. Unser Ziel, unser Herzenswunsch, war es, den Menschen des Westens das Wissen und die Weisheit des Ostens nahezubringen und das Wissen und die Weisheit von Orient und Okzident zu verschmelzen. Zur damaligen Zeit, im ausgehenden 19. Jahrhundert, war es aber noch nicht möglich, dies zu verwirklichen. So verlegten wir uns schließlich darauf, sehr hart an Uns Selbst zu arbeiten, um den persönlichen Aufstieg zu erreichen. Wir waren spirituelle Gelehrte, die sich in zahlreiche Wissensbereiche vertieften, so auch in die Mathematik. Ich selbst war versessen darauf, auf dem Wege über die Wissenschaften eine universelle Synthese des Wissens mittels eines optimal geschärften Verstandes/Geistes zu erreichen – ein Weg, den der spätere Begründer der Anthroposophie, Rudolph Steiner, der aus der Theosophischen Gesellschaft hervorging, ebenfalls beschritt. Über den Meister Rudolph möchte ich jetzt aber nicht sprechen, sondern über mich und meine eigenen Pfade und Erfahrungen.

Ihr Lieben, ich studierte wirklich sehr hart, denn ich glaubte, dass ich nur auf diese Weise Erleuchtung erreichen könnte. Ich las und ich übte, ich grübelte und zermarterte mir mein Hirn, Jahre und Jahrzehnte lang. Ich fertigte zahllose Notizen an, welche aber nicht überliefert wurden, da ich sie später allesamt verbrannte. Ich sage nichts über die Inhalte meiner Studien aus, denn ich habe sie mit voller Absicht einfach vergessen. Warum? Ich will es euch sagen: Je länger ich studierte, desto verwirrter wurde ich, und in demselben Maße, wie ich mich selbst verwirrte und in den Widersprüchlichkeiten der Denk-Systeme verstrickte, desto größer wurde mein Selbsthass. Ines, du hast etwas Ähnliches ja auch betrieben – du wolltest im Kopf und mittels des Kopfes eine Synthese der Weltreligionen herstellen, nicht wahr? Du kannst dir gratulieren, dass du dieses Unterfangen schon nach wenigen Jährchen aufgegeben hast! Was mich selbst betrifft, so schalt ich mich einen Versager, und diese Selbstvorwürfe wurden immer lauter und immer heftiger, je weiter ich in meinen Arbeiten fortschritt. Der Geniestreich, den ich anstrebte, wollte mir nicht gelingen – ich war einfach zu blöd dafür, oder die Wirklichkeit war zu kompliziert für mich...

Es kam der Tag, und ich war nicht mehr ganz so jung, an dem ich den ganzen Kram hinschmiss. Ich hatte es so satt, ich war so unermesslich frustriert, wie ihr heute sagen würdet, dass ich es aufgab. So radikal wie ich in meinem Streben nach Wissen gewesen war, so radikal war ich jetzt in meinem Loslassen: Ich gab nicht nur meine Studien auf, ich gab mein gesamtes bisheriges Leben auf, einschließlich meines materiellen Besitzes und meiner Wohnung. Ich wurde ein Landstreicher, wie man früher die Menschen nannte, die in der heutigen Zeit der „political correctness" als Obdachlose bezeichnet werden. Zu Fuß und nur mit einem kleinen Bündel ausgerüstet, das das Allernotwendigste enthielt, durchstreifte ich zunächst Westeuropa, später die Länder Osteuropas und Asiens bis hin nach Tibet und Indien, wo meine Wurzeln waren. Zeit und Entfernungen spielten keine Rolle mehr für mich; wenn ich am Morgen erwachte, machte ich mir keine Gedanken darüber, wo ich am Abend einschlafen würde... Nein, das war nicht von Anfang an so, du hast Recht, liebe Ines. In der ersten Zeit machte ich mir viele Gedanken darüber, wo ich meine nächste Nacht verbringen würde, und es kostete mich eine riesige Überwindung, bevor ich den ersten Menschen um ein Stück Brot und einen Schluck Wasser bat. Im Laufe der Zeit machte ich aber die Erfahrung, dass es *immer* irgendwo einen trockenen Schlafplatz und etwas zu essen für mich gab und dass die Menschen mich sogar gerne aufnahmen und speisten. Schließlich konnte ich wirklich alle Sorgen um mein leibliches Wohl gänzlich aufgeben – ich lebte vollständig im Jetzt und verlor mit der

Zeit jegliches „Zeitgefühl" *(Lachen)*. Ich kann euch daher nicht sagen, meine Lieben, wie viele Jahre oder vielleicht auch Jahrzehnte ich auf diese Weise lebte – und vollkommen glücklich lebte. Eines wunderschönen Tages ließ ich dann einfach meinen lieben Körper los und ging in den Aufstieg. Es gab nichts Natürlicheres als dieses!

Ja... mein Weg hinein in das, was manche von euch die „Erleuchtung" nennen, verlief, ganz schlicht ausgedrückt, vom Komplizierten hin zum Einfachen. Bei mir war es das Loslassen sowohl der Wissens-Fülle, als auch der materiellen Fülle, das mich zu dieser Einfachheit brachte. Erst sehr spät wurde mir dabei klar, dass Einfachheit sehr, sehr viel mit Einheitsbewusstsein zu tun hat: Das Bewusstsein, in der Einheit mit Allem und Allen zu SEIN, entstand ganz natürlich und ohne dass ich es anstrebte aus der extremen Einfachheit meines Lebens. Die Einfachheit des Lebenswandels führte ebenso natürlich zu einer Einfachheit meines Gemüts: Ich war am Ende meines Erdenweges wahrhaftig „wie ein Kind" - in dem Sinne, wie es Jesus Christus meinte, als er einmal sagte: „Wenn ihr nicht werdet wie die Kinder, könnt ihr nicht in das Himmelreich eingehen." Das „Himmelreich" In Uns aber, was ist es anderes als unser eigenes Inneres Licht?

Nun möchte ich euch, meine lieben heutigen Menschenengel, selbstverständlich nicht dazu auffordern, meinen persönlichen Weg wortwörtlich nachzuahmen. Oh nein... Allerdings möchte ich euch einladen, über die Betrachtung meiner Erfahrung auf eine neue Weise mit dem „Problem" der „fehlenden materiellen Fülle" umzugehen. In heutigen spirituellen Kreisen wird sehr, sehr viel von der Fülle geredet. Diejenigen unter euch, die schon seit längerem Erwachensprozesse durchlaufen, wissen, dass in der heutigen Zeit euer innerer Schatz sich auch im Draußen als Wohlstand oder gar Reichtum spiegeln darf und dass das Gebot der Armut der alten Energie und dem alten Denken angehört. Ja, durchaus... Aber: In euren Köpfen verwechselt ihr etwas ganz Entscheidendes! Ihr denkt, dass der materielle Wohlstand euch glücklich machen würde.

Ihr merkt gar nicht, wie ihr ihn immer wieder ganz unbewusst an die erste Stelle setzt, wenn ihr über die fehlenden „Kröten" jammert. Auch zu diesem Thema hatte Jesus Christus den passenden Satz parat: „Sucht also zuerst das Reich Gottes, und alles andere wird euch hinzugegeben werden." In eure heutige Sprache übersetzt, möchte ich formulieren:

> „Habt Vertrauen, und ihr erhaltet alles, was ihr braucht – und noch mehr!"

Ja, warum setze ich, Kuthumi, die Suche nach dem Reich Gottes mit Vertrauen haben gleich? Ganz einfach *(Lachen)*, weil derjenige, der vertraut, das Reich Gottes in seinem eigenen Herzen schon gefunden hat. Und es gibt nichts Einfacheres als das Vertrauen. Es war genau dieses Vertrauen, dass es mir im Laufe der Jahre ermöglichte, im Jetzt und in den Tag hinein zu leben. Es war das Ur-Vertrauen, in der Einheit zu SEIN! Und um noch eins „draufzusetzen", da Ines gerade fragt, was das Ganze eigentlich mit ihrem Thema, der Selbstliebe, zu tun habe, möchte ich behaupten: Vertrauen und Selbstliebe sind Eins! Benötigt ihr eine Erklärung? Hier ist sie: Wer liebt, der vertraut bedingungslos, und wer vertraut, der liebt bedingungslos – GOTT, Sich Selbst, Alles, was da IST.

„Soweit die Heiligen Worte". Das ist ein Zitat aus dem älteren katholischen Ritus, und ich gebe es euch mit einem Schmunzeln und einem Augenzwinkern...

Euer Kuthumi

Einheitsbewusstsein, Selbstliebe und mein eigener Weg

Ich danke Meister Kuthumi von Herzen! Seinen Faden möchte ich an dieser Stelle aufnehmen und ein wenig weiterspinnen. Ich frage mich, warum das Streben nach Wissen bei ihm zum Selbsthass geführt hat. Dieses Wissen, das er in Anführungszeichen setzt, ist ein Wissen des menschlichen Verstandes. Es ist ein Faktenwissen und es geht hierbei um die Kenntnis und intellektuelle Durchdringung von komplexen Zusammenhängen sowie um das Verständnis von – häufig sich widersprechenden – geistigen Systemen und Konzepten. Rudolph Steiner hat ein gigantisches Lebenswerk hinterlassen, das eine Synthese, wie sie von Kuthumi angestrebt wurde, in gewisser Weise verwirklicht. Kuthumi selbst ist, zumindest aus seiner eigenen Sicht, an dieser selbst gestellten Aufgabe gescheitert. Meine Annahme ist, dass die intellektuelle Anstrengung bei ihm eine starke Komponente von Ehrgeiz hatte. (Ich höre den Meister gerade laut „Bingo!" rufen.) Frustrierter Ehrgeiz aber führt uns leicht in die Selbstabwertung und den Selbsthass hinein...

Das Streben nach intellektuellem Wissen und die damit verbundene Anstrengung sind charakteristisch für den „männlichen" Weg zu Erkenntnis und Erleuchtung. Ich muss da für die heutige Zeit auch ganz stark an den Amerikaner Drunvalo Melchizedek denken, der seit den 70er Jahren des 20. Jahrhunderts sich auf diesem Wege sehr intensiv u.a. mit der Heiligen Geometrie befasste. Erst später, in den Nuller Jahren dieses Jahrhunderts, kam er auf den Weg des Herzens. Der Weg des Herzens aber, der Weg über die Intuition, ist der „weibliche" Pfad hin zu Erkenntnis und Erleuchtung. Das Wissen, das auf *diesem* Wege erworben wird, ist aber genau das tiefe Wissen um die Einheit von Allem und Allen, ist das Wissen um die eigene ursprüngliche Göttlichkeit. Der Weg des Herzens, der weibliche Weg, ist der Weg der Leichtigkeit und der Einfachheit, ist der Weg des Vertrauens und Selbstvertrauens. Ich möchte nun diese beiden Wege nicht gegeneinander ausspielen und behaupten, dass der eine besser sei als der andere. Kuthumi hat den männlichen Weg konsequent erprobt und sich anschließend dem weiblichen zugewandt. Ebenso Drunvalo. Auch der historische Buddha erprobte zu seiner Zeit alle überhaupt bekannten Wege hin zur Erleuchtung, bis er seinen eigenen Weg fand, den ich einen Weg der Mitte nennen möchte. Der Buddhismus verbindet eine hoch entwickelte Philosophie mit einem Pfad der Meditation, also der intuitiven Erkenntnis, der ins Einheitsbewusstsein hinein führt.

Was nun hat das Einheitsbewusstsein mit der Selbstliebe zu tun, und warum ist für beide die Einfachheit das charakteristische Merkmal? Als ich selbst mich zu Beginn der 80er Jahre des 20. Jahrhunderts auf meinen persönlichen Weg des Erwachens begab, wusste ich nicht einmal, dass es genau hierum ging. Ich wurde von meiner Seele durch zahlreiche rätselhafte innere Erlebnisse einerseits, und zu zahlreichen spirituellen Büchern andererseits geführt. Ich befasste mich mit den großen Weltreligionen, mit Reinkarnation und Astrologie, mit den Mythen der Menschheit, mit den historischen Wurzeln des Christentums. Angeregt durch meinen ältesten Bruder, der Anthroposoph ist, las ich ein wenig von Rudolph Steiner, fühlte mich aber nicht wirklich angesprochen. Kurz und gut, ich war eine spirituelle Sucherin. Heute, nach gut 30 Jahren, bin ich zu einer Finderin geworden, mit anderen Worten, ich gehe nicht mehr suchen, ich gehe finden. Wen oder was gehe ich finden? Nun, in erster Linie einmal Mich Selbst! Ich weiß nämlich inzwischen auch mit dem Herzen:

Ich bin ein Geistiges Wesen, das eine menschliche Erfahrung durchläuft.

Alle Weisheit, alles wirkliche Wissen, ist schon immer in mir selbst – ich brauche mich nur daran zu erinnern, brauche meine eigenen inneren Schätze nur wiederzufinden und zu heben! Dieses Herzenswissen aber ist die Grundlage für meine neu entzündete Selbstliebe, und diese Selbstliebe basiert auf dem tief gefühlten Wissen um mein Aufgehobensein in der Universellen Einheit.

Einheitsbewusstsein und Selbstliebe sind eben darum Eins, weil ich im SEIN des Einheitsbewusstseins um meine eigene wahre Identität weiß. Und dies ist viel mehr als nur ein intellektuelles Wissen! Es ist ein tiefes Gefühl, aber keine Gefühlsduselei, sondern ein Wissen-Gefühl. Allerdings: Bei uns allen geht in der Regel das intellektuelle Wissen um Fakten und Zusammenhänge dem intuitiven Wissen-Gefühl voraus. Daher auch an dieser Stelle: Eine Abwertung des „männlichen" Verstandeswissens ist nicht angebracht! Wir alle gehen aufgrund unserer komplexen Vergangenheit auf diesem Planeten auch in diesem Erwachens-Leben verschlungene Wege. Zu Beginn meines eigenen Erwachens gab mir meine Seele einmal den folgenden wunderschönen Satz:

„Folge dem Weg der Irrtümer – er führt dich zu den Quellen"

Ja, ja, und nochmals ja: Wir alle haben ein Recht auf unseren ganz persönlichen Weg der Irrtümer! Wir alle suchen und erschaffen uns nämlich genau die Erfahrungen, machen also genau die Fehler, die wir brauchen, um eines Tages unsere eigenen Inneren Quellen der Göttlichkeit, der Kraft, der Weisheit und des Wissens zu finden. Das ist genau der Tag – oder besser gesagt, das sind genau die Tage und die Wochen – in denen wir zum Einheitsbewusstsein und damit zur Selbstliebe finden! Häufig wollen wir uns selbst aber diesen Not-wendigen Weg nicht zugestehen, wir wollen uns dazu zwingen, jetzt sofort perfekt zu sein, wir wollen uns zum inneren Wachstum zwingen, wir wollen uns zur wahren Selbsterkenntnis zwingen. Das aber funktioniert nicht und kann nicht funktionieren, wie uns schon die Bäume in meinem Buch „Wenn Bäume sprechen ten" („BaumWeisheit") auf sehr einfache und eindringliche Weise erklärt haben. Wenn wir ins Einheitsbewusstsein und in die Selbstliebe hinein finden wollen, sollten wir uns erlauben, hinein zu *wachsen*, und Wachstum ist etwas, dass wir geschehen lassen müssen.

Man kann es nicht machen und nicht erzwingen, wie die Bäume sagen. Ich kann diese Weisheit nur aus eigener Erfahrung bestätigen!

Nun habe ich die Frage noch nicht beantwortet, warum das charakteristische Merkmal sowohl für das Einheitsbewusstsein als auch für die Selbstliebe die Einfachheit ist. Meine Antwort lautet: Das intuitive Wissen-Gefühl, mit dem beide erfahren werden, ist einfach, da es sich hierbei um ein direktes Erleben handelt und nicht um ein gleichzeitig-im-Kopf-haben von hochkomplexen Zusammenhängen. Das Einheitsbewusstsein sieht und weiß und fühlt ohne auf Gedanken angewiesen zu sein. Die Selbstliebe ihrerseits argumentiert nicht, sie ist da, denn sie fühlt aus dem bewussten Sein heraus. Noch pointierter formuliert: Die Selbstliebe in ihrer höchsten Form entspringt dem Einheitsbewusstsein, denn genau dieses ist bewusstes Sein. Es ist das BewusstSein letztendlich der eigenen Göttlichkeit. Das Göttliche aber in seinem Ursprung ist Ein-fach.

Als ich im Jahre 1982 an meinem Geburtstag den Gedanken aussprach: „Jetzt bin ich 33, und kein bisschen weise", war mir alles andere als klar, dass dies so etwas wie die Initialzündung zu meinem Erwachensprozess war. Im Schwabenland, wo ich ein gutes Jahr zuvor aufgrund der beruflichen Tätigkeit meines Mannes gelandet war, nennen die Leute die 33 das „Herrgottsalter", weil der Überlieferung nach Jesus im Alter von 33 Jahren am Kreuz starb und auferstand. Heute, in diesem jetzigen gesegneten Augenblick, wird mir plötzlich klar, dass meine Seele mit diesem „kein bisschen weise" mich darauf hinweisen wollte, dass ich mich noch im Trennungsbewusstsein befand und nicht im Einheitsbewusstsein, also dem Christusbewusstsein! Um der Wahrheit die Ehre zu geben – dass es so etwas wie das Christusbewusstsein überhaupt gibt, davon hatte ich damals nicht die geringste Ahnung. Ich hatte auch keinen blassen Schimmer, dass es meine Seele war, die mich in diesem Augenblick rief und mir diesen Gedanken eingegeben hatte. In der Folgezeit erlebte ich Phasen eines spontan erweiterten Bewusstseins, verbunden mit einer fieberhaften Euphorie, die mit Phasen von als sehr unangenehm empfundener Ernüchterung abwechselten. In solchen Phasen weinte ich viel und fühlte mich von Gott verlassen. In der Tat hatte ich in den Zeiten der Bewusstseinserweiterung, die jeweils ungefähr 14 Tage andauerten, zahlreiche intensive Erfahrungen des Göttlichen – sowohl als Vater als auch als Große Mutter. Letztere nannte sich mir gegenüber auch die „Königin-Tigerin" oder die „Große Wölfin". Im Oktober 1982 zog mein Mann erstmals einen befreundeten Psychiater zurate. Dieser diagnostizierte bei mir eine „schizoaffektive Psychose" und verordnete das Neuroleptikum Haldol.

Ich möchte jetzt nicht meine lange „Krankheitsgeschichte" nachzeichnen, die aus meiner heutigen Sicht die Geschichte meines spirituellen Erwachens war. Hervorheben möchte ich aber, dass mir selbst von allem Anfang an klar war: Diese rätselhaften Erlebnisse, die meine Familie erschreckten und von den Ärzten mit der psychiatrischen Diagnose etikettiert wurden, waren zutiefst spirituell! Naiverweise erwartete ich mir ausgerechnet vonseiten der Schulmediziner eine entsprechende Deutung... Aber auch ein anthroposophischer Arzt, den ich im Frühjahr 1983 voller Hoffnung aufsuchte, bezeichnete mich als krank, nachdem er sich erkundigt hatte, ob meine religiösen Erlebnisse die Folge von Meditationsübungen seien. Als ich erklärte, dass sie spontan auftraten, meinte er, es sei eine „Lockerung meiner Seele" aufgetreten und ich müsse auf jeden Fall weiterhin Neuroleptika einnehmen. Außerdem verordnete er mir ein Pulver, ich nehme an, es war ein homöopathisches Mittel, das meiner Seele bei der Wieder-Verankerung in meinem Körper helfen sollte. Ich weiß nur, dass sich daraufhin meine Depressionen verschlimmerten... Ebenfalls im Frühjahr 1982 suchte ich eine Ambulanz auf, wo ich einen umfangreichen Fragebogen auszufüllen hatte. Das Ergebnis: Man stellte einen tiefen inneren Konflikt fest und teilte mir mit, dass ich Hilfe brauchte.

Aus heutiger Sicht kann ich sagen, dass ich mich tatsächlich über Jahrzehnte in einem erheblichen inneren Ungleichgewicht befand.

Meine persönliche Deutung der sogenannten Psychose ist daher: Mediale Erfahrung auf der Grundlage von psychischem Ungleichgewicht. Denn dass Psychotiker in dieser oder jener Weise in aller Regel medial sind, das habe ich in den vergangenen 33 Jahren immer wieder gesehen – bei mir selbst und bei anderen. Jedoch – und hier muss ich jenem anthroposophischen Arzt recht geben – treten die medialen Erfahrungen dabei spontan auf und der betreffende Mensch hat in der Regel keine Ahnung, was mit ihm los ist. Psychotiker sind genau aufgrund ihres inneren Ungleichgewichts normalerweise sehr schlecht geerdet, was dazu führt, dass sie während der medialen Erlebnisse innerlich abheben und irgendwann eine schmerzhafte Bruchlandung erleiden. Andere wiederum leiden unter Verfolgungswahn, was aus meiner Sicht bedeutet, dass sie astrale Wesen wahrnehmen oder von solchen besetzt sind, die sie in der Tat erheblich bedrohen und manchmal sogar in den Suizid treiben.

33 Jahre Erwachensprozess, schau an… Dass ich genau noch einmal diese Spanne brauchen würde, um „weise" zu werden und – um es mit dem großartigen Udo Jürgens zu singen – mit 66 Jahren das Leben anzufangen, das konnte ich damals nicht ahnen. Hätte ich es gewusst, ich wäre vermutlich noch verzweifelter gewesen, als ich es ohnehin manchmal war. Ver-Zwei-flung, Ver-Zweifel-ung… beides steckt in diesem Wort: die Zwei für das duale Denken und das Trennungsbewusstsein, und der Zweifel – der Selbstzweifel vor allen Dingen. Und: In der Verzweiflung steckt immer ein tiefer Selbsthass, dieses uns allen so bekannte „Ich bin ein Versager", „Ich bin es nicht würdig", „Ich bin nichts wert", „Ich bin schuldig", „Ich schäme mich".

Hier und heute beginne ich, mich selbst für alle diese Erfahrungen zu ehren. Ich ehre mich dafür, dass ich Euphorie, Depression und fürchterliche Panikzustände mit erheblicher Tapferkeit durchgestanden und beharrlich an mir selbst gearbeitet habe. Ganz tief in mir drinnen muss ich immer die Liebe meiner Seele gespürt haben, denn ganz gleich, wie schlecht es mir ging, ich war in all den Jahren felsenfest davon überzeugt, dass ich mich selbst heilen konnte. Mein Mantra lautete: „Je älter ich werde, desto besser geht es mir!" Und so ist es...

Das schöpferische innere Gott-Kind

Auf meinem Weg durch zahllose Transformationen begegnete ich schon in den 80er Jahren des 20. Jahrhunderts der nackten jungen Göttin „Happy Girl". Sie war ein vielleicht achtjähriges Mädchen mit bodenlangen goldenen Haaren und tausend Armen, die in meinen Augen ihre Allmacht symbolisierten. In meinem unveröffentlichten Manuskript „Die Wandlungen der Frau Werwolf" tauchte sie im Jahre 2008 wieder auf, und im schon erwähnten Buch „Der physische Aufstieg des Menschen" habe ich sie erneut zum Thema gemacht.[2] Jesus und die Bäume sagten mir in diesem Rahmen, dass „Happy Girl" (m)eine grenzenlose Schöpferkraft und Freude darstelle. Vor einigen Wochen – ich schreibe dies Anfang Dezember 2015 – kam ich wieder auf sie zurück: In einem Coaching bei einer guten Freundin wies diese mich auf ein fröhliches, lebendiges Kind hin, das sie wahrnahm und welches nach wie vor in mir anwesend sei. Sie schlug mir vor, mit diesem Kind Verbindung aufzunehmen und es in meinen Alltag einzuladen. Heute, hier und jetzt, möchte ich einmal schauen, ob es mir und vielleicht auch uns allen etwas zu sagen hat.

Happy Girl:
Liebe Ines, lieber Menschenengel, Ich Bin Die Ich Bin, Happy Girl, dein schöpferisches inneres Gott-Kind. Ich habe weibliche Gestalt angenommen als ein kleines Mädchen, nicht, weil Ines dieses Mal eine Frau ist, sondern weil ich die weibliche Kind-Seite *aller* Menschen bin. Ich möchte dir heute ein wenig über mein Wesen erzählen und dir auch erklären, warum es so wichtig für deine Selbstliebe ist, dass du wieder in die Verbindung mit mir gehst. Also... wo fange ich denn an? Ich glaube, ich erzähle dir etwas über die kleine Ines, über das Kind, das sie war:

---

2   „Der physische Aufstieg des Menschen", S. 108/109

Ines hatte die Veranlagung zu einem rechten Wildfang mitgebracht; als kleines Mädchen bis ungefähr zum Alter von vier Jahren hatte sie etwas von einem schalkhaften Kobold an sich. Ihr kleiner Mund stand selten still, sie fragte den Erwachsenen Löcher in den Bauch, und sie hatte die skurrilsten Ideen. So glaubte sie zum Beispiel fest daran, dass im Kohlenkasten des Küchenherdes – wir befinden uns in den 50er Jahres des 20. Jahrhunderts – ein *Frosch* lebte. Diesen rief sie regelmäßig, auf dem Töpfchen sitzend, neben sich den jüngeren Bruder, mit den Silben „Hü-lük-lük-lük!" an. Als sie etwas älter war, neckte sie gelegentlich mit ihm zusammen eine junge Haushaltshilfe mit dem Satz: „Bis' ein klein Fröschlein, has' Speck an de Bein!" Wie wir sehen, hatte sie es mit den Fröschen – sie weiß bis heute nicht, warum. Ich aber weiß es: Es hatte mit dem Inneren König zu tun, mit dem Frosch-König nämlich. Dieser Frosch ist ja, wie wir alle wissen, in Wahrheit ein Prinz, ein verwunschener König. In der Tat steht der „Frosch" - manche Psychologen sehen ihn als Sexualsymbol an – für deine „kleine", menschliche Seite, und zwar für die männliche, lieber Menschenengel. Diese aber darf sich transformieren, darf sich als spiritueller König erkennen! Selbstverständlich hatte die kleine Ines von diesen Zusammenhängen keine Ahnung – sie hatte sie vergessen, als sie ihren neuen menschlichen Körper anzog. Aber ihre Seele wusste davon und rief ihr dies im Bild des Frosches in Erinnerung...

Als Ines acht Jahre alt war, zog ihre Familie aus dem Dorf Eitorf an der Sieg nach Marburg an der Lahn, da der Vater als Offizier in die Bundeswehr eingetreten war. Die ersten ein bis zwei Jahre dort waren für das Mädchen Ines von prägender Bedeutung. Über ihre damaligen Erfahrungen mit der katholischen Kirche, über ihren Wunsch, heilig zu werden und über ihre Erstkommunion hat sie selbst schon gesprochen. Ich füge hinzu: In diese Zeit fällt ihre Begegnung mit dem Autor Karl May und seiner Figur Winnetou. Wie hat sie geweint, als dieser edle Wilde in Band 3 durch den bösen Schurken Santer zu Tode kam! Zusammen mit ihrem um ein Jahr jüngeren Bruder bastelte Ines sich eine „Indianer-Ausrüstung" und wurde für mehrere Jahre zu einem „tapferen Krieger". Nein, sie stellte sich beileibe nicht vor, dass sie eine Squaw sei! Sie war ein Mann, wie ihr Bruder... Die jüngeren Schwestern wurden nach und nach gnädig in den Stamm aufgenommen, dessen Häuptlinge aber Ines und der große Bruder blieben. Des weiteren erlernte Ines damals von einer anderen Haushaltshilfe die ersten Melodien auf der Gitarre. Dieses Instrument spielte später noch eine wichtige Rolle, als sie als 13-jährige in Köln am Rhein den katholischen Pfadfinderinnen beitrat. Und dann: Der Vater Peter, der mehrere Fremdsprachen fließend beherrschte, war ihr großes Vorbild, und die Achtjährige brachte sich selbst auf dem Wege über ein vom Vater zur Verfügung gestelltes Buch die ersten englischen Sätze bei. Und schließlich: Im Alter von acht Jahren begann Ines ihre Laufbahn als Autorin! Sie erfand damals die Drillinge „Beate, Marlies und Uschi", die ihr Umfeld, und besonders ihre Schwester Liesel und deren Freundinnen Claudia und Carola, mit lustigen und manchmal auch weniger lustigen Streichen traktierten. Die kleinen Geschichten waren bei Ines' Geschwistern und auch bei den FreundInnen aus der Nachbarschaft sehr beliebt. Immer wieder wurde sie gefragt, ob es mal wieder eine Fortsetzung gebe...

Warum ich dies alles erzähle? Nun, in Ines' ersten Lebensjahren in Eitorf sowie in den ersten beiden Jahren in Marburg war Ich, Happy Girl, noch sehr lebendig und präsent! Und ich möchte dich darauf hinweisen, lieber Menschenengel, dass die Gestalten „Beate, Marlies und Uschi" durchaus mit der „Göttin in drei Gestalten" zu tun hatten, wie sie in der matriarchalen Mythologie dargestellt wurde. Diese kleine Trinität von Streiche spielenden Koboldinnen war stark, war unbesiegbar und fröhlich – so stark, unbesiegbar und fröhlich wie Ich es bin! Denn die kindliche Ines beschrieb in diesen von ihr ausgedachten Figuren in Wahrheit Sich Selbst, also Mich, ihre kindliche, naseweise und übermütige innere Göttin.

In den letzten Sätzen habe ich dir also schon etwas über mein, Happy Girls, Wesen verraten: Ich Bin kindlich, naseweis, übermütig und allezeit fröhlich! Außerdem bin ich gnadenlos kreativ... Ines fragt jetzt ganz perplex nach, warum denn gnadenlos? Na, das ist ein kleiner Scherz – schließlich bin ich naseweis und übermütig. Und manchmal auch ziemlich frech... Unverfroren oder gar unverschämt bin ich aber garantiert niemals; mein Wesen ist verspielt und voller Humor! Ich Bin die sprudelnde Quelle deiner Schöpferkraft In Dir, lieber Menschenengel, denn ich bin – um mit Carl Gustav Jung zu sprechen – ein sogenannter Archetyp. Einfacher gesagt, eine Figur aus dem Kollektiven Unbewussten der Menschheit.

Über meine mir so essenzielle Kreativität möchte ich dir noch etwas mehr erzählen: Sie beruht auf meiner Neugier und meiner Lust am Experimentieren und Erschaffen. Kleine Kinder – auch Tierkinder – sind unendlich neugierig und damit Forscher und Wissenschaftler auf allerhöchster Ebene, oh ja! Ihr Forscher- und Experimentierdrang wird noch nicht durch den „kritischen Verstand" eingeschränkt; je jünger das Kind ist, desto klarer trifft dies zu. Ines' ältester Enkel Samuel probierte schon als Baby von acht Monaten mit unglaublicher Ausdauer aus, in welche Arten von Löchern oder Vertiefungen man einen Schlüssel stecken konnte. Die Schlüssellöcher, in die so ein Teil hinein gehört, interessierten ihn eher weniger. Heute ist Samuel zehn und will mal Architekt oder Ingenieur werden...

Ich, Happy Girl, erschaffe aber nicht nur Dinge (oder Geschichten), ich erschaffe auch neue Lebenssituationen. Ja, ob du es glaubst, oder auch nicht, Ich Bin die Schöpferin, die dein Leben neu erschafft, wenn du dich erst einmal dazu entschieden hast, deine Wahlen bewusst zu treffen. Und wie kommst du dazu, wirklich bewusste Wahlen für dein persönliches Glück zu treffen? Du kommst dazu, indem du die Selbstliebe annimmst, die dir von deiner Seele geschenkt wird!

Warum aber ist die Verbindung zu Mir so wichtig für deine Selbstliebe, lieber Menschenengel? Nun, wenn du dich in dieser Verbindung übst, dann bereitest du dich zugleich darauf vor, die Selbstliebe von deiner Seele anzunehmen. Warum das so ist? Spüre einmal einfach hin – spüre Meine Energie! Kannst du die ursprüngliche Lebenskraft und die Freude erahnen, die von mir ausgehen? Dann weißt du auch, wer und wie Du Selbst bist. Wenn du dich beim Hinspüren unterstützen lassen möchtest, dann höre dir öfter mal das Stück *„Dance my triumph"* an. Es ist die Nummer 11 auf der Musik-CD *„How much I love you"* vom Ch.Falk-Verlag.[3] Diese CD wurde von Lady Diana, der „Königin der Herzen", inspiriert, deren inneres Gott-Kind nie vollständig unterdrückt werden konnte.

Lieber Menschenengel, ganz gleich, wie verschüttet deine Verbindung zu mir in diesem Augenblick auch noch sein mag, ich möchte dich dazu einladen, unser Verbindungskabel wieder auszugraben. Das soll aber keine Arbeit sein und kein Kampf mit den Schuttschichten, die vielleicht darauf liegen, sondern von allem Anfang an ein Spiel mit Mir...

Dein Happy Girl

---

3   Dietrich von Oppeln-Bronikowski: „How much I love you", Ch.Falk-Verlag, Seeon, 2000.

Für sich selbst einstehen und sorgen

„Für dich selbst einzustehen ist auch Selbstliebe!" Auf diese Wahrheit wies mich kürzlich – Mitte Dezember 2015 – meine Freundin Dagmar Freund hin. Wie Recht sie hat! Und wie wenig ich diese Wahrheit bislang in mein Leben geholt habe! Ja, die Geschichte, die ich gleich erzählen möchte, ist ganz aktuell, ist brandneu, und sie belegt, wie sehr dieses alte Gefühl, „es nicht wert zu sein" auch jetzt noch bei mir auf seine Erlösung wartet.

Es geht um ein ganz grundlegendes altes Muster bei mir: Wenn jemand mir in irgendeiner Form sehr selbstbewusst, oder aggressiv, oder einfach hundertprozentig von seiner Meinung überzeugt, gegenübertritt, dann werde ich ganz klein. Ich verschwinde sozusagen im Erdboden, ich kann nichts mehr sagen, ich bin dem anderen total ausgeliefert. Dies ist eine kleine Ines, die in einem solchen Augenblick ihr eigenes Happy Girl komplett vergessen hat und sich einfach nur schuldig fühlt. In diesem Leben geht das Reaktionsmuster möglicherweise auf das schon erwähnte sehr frühe Erlebnis zurück, als mein junger Vater mit meinem ersten Trotz-Ausbruch nicht umgehen konnte und mich übers Knie legte. Das hatte Folgen für mein Selbstwertgefühl, was meinem Vater natürlich in keiner Weise klar war. Er konnte ja nicht ahnen, mit welchem umfangreichen Karma beladen ich in diese Inkarnation gekommen war... Erfahrungen von Verfolgung, Folter und gewaltsamem Tod, Erfahrungen von eigener schwerer Täterschaft, Erfahrungen von Größenwahn und auch von tiefster Demütigung – meine Seele wollte alles dieses mit mir zusammen durchleben. Dabei kam ein Kind heraus, das eine Extremistin war, sowohl an Stärke, als auch an Schwäche. Dies vorab zum besseren Verständnis der großen Eselei, die mir im Oktober 2015 unterlaufen ist.

Mitte Oktober läutete bei mir das Telefon. Ein Mann wollte „Frau Nadi" sprechen. Es dauerte eine Weile, bis ich verstand, dass es der Mitarbeiter eines Call-Centers war, der meinen Nachnamen falsch aussprach. Ich dachte, es sei mein Schwager P., der mir sagen wollte, dass meine jüngste Schwester, die Nati genannt wird, mit mir reden wolle. Schon dieser Anfang brachte mich in Verwirrung. Als ich endlich merkte, mit wem ich es zu tun hatte, hing ich schon an der Angel: Der Anrufer sagte, er habe gehört, dass ich „das Gewinnspiel kündigen" wolle. Anstatt nun zu kontern: „Was für ein Gewinnspiel? Davon weiß ich nichts", oder noch besser, gleich aufzulegen, sagte ich in Panik „Ja". Ich wollte doch nichts mit einem dubiosen Gewinnspiel zu tun haben! Der Mann behauptete, ich hätte nicht rechtzeitig gekündigt und nun sei ich für neun Monate zahlungspflichtig. Er könne aber sechs Monate für mich kündigen, die restlichen drei müsse ich selbst kündigen – ob das in Ordnung für mich sei. Natürlich war überhaupt nichts in Ordnung, und wieder dauerte es eine Weile, bis ich verstand, was mit dieser Formulierung gemeint war: Erst einmal drei Monate lang zahlen, und dann erst kündigen... Ich war so gelähmt, dass ich nicht einmal auf den Gedanken kam, einen schriftlichen Beweis für den angeblich irgendwann abgeschlossenen Vertrag zu verlangen. Zugleich stand ich wie neben mir und wusste, dass ich im Begriff war, eine riesige Dummheit zu begehen. Kurz und gut – oder eher, kurz und schlecht – ich gab dem Mann meine Bankdaten, und das wurde aufgezeichnet, sodass jetzt tatsächlich ein Vertrag zustande kam.

Eine Woche später erhielt ich das Willkommens-Schreiben einer Firma mit Namen „VIP Lotto". Sitz auf den Seychellen; die Postanschrift stand nur im Internet, nicht in dem Schreiben. Darin eine Belehrung über den Widerspruch, per Anruf, E-Mail oder Fax wahrnehmbar. Ich schrieb sofort eine Mail und verlangte eine Bestätigung meines Widerspruchs. Eine solche traf nie ein. Dafür am 8. Dezember der Abbuchungsbeleg meiner Bank für die erste Rate, in der stolzen Höhe von 96,- EUR. Die Bankangestellte der zuständigen Filiale holte den Betrag auf mein Konto zurück und riet mir, einen Anwalt einzuschalten, da sie wegen der Einzugsermächtigung die Zahlungen nicht sperren könne. Außerdem schlug sie vor, bei der Hotline der Firma VIP Lotto anzurufen. Was ich auch tat – mit einem erheblichen Unbehagen...

Die Mitarbeiterin der Hotline, die ich erreichte, behauptete in unverfrorenem Ton, dass ich gar kein Widerspruchsrecht hätte, weil ich nur einen Abschluss für drei Monate hätte. An diesem Abschluss könne sie nichts ändern, sie spreche nur für VIP Lotto und nicht für das Call-Center, das ihn vorgenommen habe. Am Ende der drei Monate würde ich „rausgenommen."

Ich schreibe dies am Vorabend des Termins mit einer Anwältin, den ich auf Anraten von Dagmar vereinbart habe. Sie befürchtete, dass die Firma möglicherweise nach Ablauf der drei Monate immer weiter abbuchen würde. Ich selbst hatte mich bislang an die häufig von der Geistigen Welt übermittelte Richtlinie gehalten, dass wir als erwachende Menschen in der heutigen Zeit „zu kämpfen aufhören" sollten, und ich wollte die insgesamt 288,- EUR eigentlich unter der Rubrik Lehrgeld verbuchen. Meine Seele erinnerte mich aber im Anschluss an das Telefonat mit Dagmar daran, dass es sehr wohl angebracht ist, bei unzulässigen Grenzüberschreitungen anderer diese in ihre Schranken zu verweisen. „Das hat mit ‚Kämpfen' und ‚Opferbewusstsein' nichts zu tun", sagte sie in einem schriftlichen Gespräch mit mir.

In welchem Zusammenhang steht nun mein Verhalten in dieser Angelegenheit mit dem Grundgefühl von „Ich bin es nicht wert"? „Ich bin es nicht wert" beruht auf einem tiefen Schuldgefühl. Und tatsächlich, wenn ich in mich hinein spüre, dann fühlte ich mich in den Situationen mit dem Call-Center-Mann und mit der Hotline-Frau auf eine ganz vertrackte Weise wie eine Angeklagte. So, als ob es ein Verbrechen gewesen wäre, irgendeine behauptete Vereinbarung nicht gekündigt zu haben, und als ob es eine Verfehlung gewesen wäre, gegen den Vertrag mit dem Call-Center Widerspruch einzulegen... Liegt die Ursache für meine Gefühle vielleicht darin verborgen, dass es sich in dieser Situation um karmischen Ausgleich handelt? Sehr häufig, wenn wir erleben, dass uns „Unrecht geschieht", haben wir ja zuvor in einem vergangenen Leben dem heutigen Täter etwas Entsprechendes zugefügt...

Für mich selbst einzustehen und zu sorgen bedeutet in dieser Lebenslage jedenfalls mit Sicherheit, dass ich morgen den Termin bei der Anwältin wahrnehme und mich beraten und gegebenenfalls sachkundig vertreten lasse. Und in Zukunft bedeutet für mich selbst zu sorgen in entsprechenden Situationen, dass ich Telefonate, die sich unangenehm anfühlen, durch Auflegen beende. Um aber dieses uralte Muster bei mir vollständig zu erlösen, dazu sehe ich nur einen Weg, nämlich immer tiefer in die Verbindung mit meiner Seele hinein zu gehen, immer tiefer zugleich in die Selbstliebe hinein. In diesem Zusammenhang gibt mir meine Seele gerade jetzt noch einen ganz wichtigen Wink, nämlich den Hinweis auf die entscheidende Frage, die ich mir immer wieder stellen kann:

„Was ist Jetzt liebevoll für mich?"

Hätte ich mir am 14. Oktober diese Frage nur einmal ganz kurz vergegenwärtigt, dann hätte ich in diesem Kapitel anderes zu berichten gehabt. Im Endeffekt läuft alles darauf hinaus, dass wir immer bewusster zu leben lernen – und uns dabei in Richtung auf das Einheitsbewusstsein hin bewegen. Dazu gehört die regelmäßige Praxis der Rückbesinnung auf Uns Selbst: „Wer bin ich wirklich, und was will ich wirklich? Will ich auf diese Situation re-agieren, oder will ich eine freie Wahl treffen und das tun, was liebevoll für mich ist?" Das darf ich zuallererst einmal mir selbst hinter die Ohren schreiben!

Der Termin bei der Anwältin war definitiv vollkommen liebevoll für mich! Sie ermutigte mich, keinen Cent zu zahlen, da ich den Vertrag fristgerecht widerrufen habe. Falls wieder abgebucht werde, solle ich mir das Geld erneut durch die Bank zurückholen lassen. Sie selbst wird an die Firma ein Fax schicken, in welchem sie meinen Widerspruch bekräftigt und gegebenenfalls mit Strafverfolgung droht. Auch wird sie probieren, ob sie über die Rückverfolgung der Faxnummer ermitteln kann, wer hinter VIP Lotto wirklich steckt. Wir waren uns einig, dass es sich mit großer Wahrscheinlichkeit um eine betrügerische Firma handelt. Nach ihrer Erfahrung mit solchen Gesellschaften suchen diese „leichte Opfer" und insistieren nicht weiter, wenn jemand sich ernsthaft zur Wehr setzt. Nicht zuletzt: Sie riet mir, in Zukunft bei dubiosen Anrufen ohne jeglichen Kommentar sofort aufzulegen und mich erst gar nicht auf irgendwelche Diskussionen einzulassen. Das sei zwar nach landläufigen Vorstellungen unhöflich, aber dadurch käme ich erst gar nicht in die Verlegenheit, mich einwickeln zu lassen! Also... ich brauche mir überhaupt nichts mehr anzuhören, was mich nervt, was mir meine Zeit stiehlt und unter Umständen mein Geld!

Lieber Menschenengel, warum habe ich dir dies alles erzählt und mich selbst dabei – nach der Meinung meines Verstandes – ganz schön bloßgestellt? Nun, ich gehe davon aus, dass ziemlich viele von uns das Wort Jesu von der Feindesliebe („die andere Wange hinhalten") und die Aufforderung aus der Geistigen Welt, mit dem Kämpfen aufzuhören, ebenso gründlich missverstehen wie ich selbst das getan habe. Die Liebe verlangt keineswegs von mir, dass ich mich ausbeuten, betrügen und ausnehmen lassen soll! Ich kann durchaus Mitgefühl mit den Menschen haben, die in solcher Weise als Betrüger unterwegs sind, aber ich brauche sie nicht mit meiner Energie zu mästen. Denn wenn ich solchen Menschen mein Geld zur Verfügung stelle, dann schenke ich ihnen auch meine eigene Energie. Das kann unter keinen Umständen angehen, auch wenn ich den Betreffenden in einem früheren Leben vielleicht selbst geschädigt habe. Ich kann mich in einem solchen Falle bei der Seele dieses Menschen entschuldigen, aber ich brauche das Ego dieses Individuums nicht darin zu bestärken, weiter gegen das Gesetz der Liebe zu verstoßen.

Für mich selbst zu sorgen, kann also unter bestimmten Umständen durchaus bedeuten, dass ich jemandem auf die Finger klopfen darf. Letzten Endes tue ich demjenigen sogar einen Gefallen damit, denn ich signalisiere ihm oder ihr, dass er/sie selbst sich eine gewaltige Falle stellt! Und so enthält auch diese Erfahrung, die ich mit dem Call-Center und VIP Lotto gemacht habe, ein Geschenk für dich und für mich, nämlich ein Stück mehr Klarheit darüber, was Selbstliebe wirklich bedeutet!

Über die wahre Demut und die Natur der Göttlichen Gnade

Weiter oben, im Kapitel über „Trennungsbewusstsein und Selbsthass", habe ich angedeutet, dass aus meiner Sicht die Demut etwas anderes ist als die Kirchen lehren. Diese behaupten ja, dass alle Menschen unwürdige Sünder seien, die der göttlichen Gnade bedürfen. Sie sollen sich an die Brust klopfen und bekennen, dass sie es nicht wert seien, diese Gnade zu empfangen.

Gott der Vater ist nach diesen Vorstellungen ein autoritärer und richtender König, der uns begnadigt oder eben verurteilt. In diesen Konzepten[4] ist Gnade gleichzusetzen mit der Begnadigung eines Verbrechers, um es einmal etwas überspitzt zu formulieren. Der einzige Punkt, an dem ich mit den Kirchen übereinstimme, ist dieser: Gnade ist ein Geschenk, und zwar ein unbegründetes. Sie wird in der Tat dem wahrhaft Demütigen zuteil. Nun könntest du einwenden, lieber Menschenengel, dass dann das demütig Sein doch ein Grund für die Gnade sei. Dem ist aber nicht so, und ich spüre jetzt, dass die Göttliche QUELLE selbst mir einen Kommentar hierzu in die Feder, bzw. in die tippenden Finger, diktieren möchte:

Die QUELLE-Allen-Seins:
Mein geliebtes Kind, ICH spreche direkt zu Dir! Du bist mein Kind, und das ist Grund genug für die Gnade! Indem du mein Kind bist, bist du es würdig, ohne dass es einer weiteren Begründung bedürfte. Glaube nicht denen, die dir einreden wollen, du seist ein Sünder. Auch sie sind meine Kinder, und Du bist nicht mehr und nicht weniger „Sünder" als sie. Mit anderen Worten, Sie befinden sich im Trennungsbewusstsein, und Du kennst diesen Zustand ebenfalls. Ist das nun ein Verbrechen? Nein! Verurteile daher nicht

---

4   Der Calvinismus geht sogar davon aus, dass Gott willkürlich Seelen auserwählt oder verwirft, und dass der materielle Erfolg ein Zeichen für Auserwähltheit sei.

diejenigen, welche dich zur Selbstverurteilung anstiften wollen, aber lasse dich auch nicht von ihnen dazu anstiften. Verurteilung ist ein Symptom des Trennungsbewusstseins, und dieses darfst Du jetzt hinter dir lassen. Selbstliebe ist kein Egoismus, auch dieses lasse dir gesagt sein. Der wahrhaft Demütige liebt Sich Selbst, so wie er/sie MICH liebt. Das ist einfach darum so, weil dieses Wesen, dieser Mensch, um seine/ihre Gotteskindschaft im Innersten und im Tiefsten weiß! Demut und Selbstliebe sind Eins. Du wirst das verstehen, sobald du dich selbst wirklich zu lieben beginnst. Demut beinhaltet den Mut, zu sich selbst zu stehen und sich selbst zu lieben. Demut ist das Gegenteil von Selbsterniedrigung. Demut weiß um die Begrenzungen des eigenen Menschenichs und zugleich um die Grenzenlosigkeit der eigenen Göttlichkeit. Demut reicht dem eigenen kleinen Ich die Hand, um es in die Arme des Großen Selbst zu heben. Demut hat keinen Anfang und kein Ende, womit ICH sagen will, dass sie göttlich ist, so wie Du Es Bist. Lerne dich selbst mit den Augen der Liebe anzuschauen, dann erkennst du in aller Demut, dass du MEIN Kind bist!

Was aber ist die wahre Natur MEINER Gnade? Es ist keineswegs: „Begnadigung von Sündern". Es ist nicht mehr und nicht weniger als die Offenbarung MEINER Liebe zu Dir, die du In Dir wahrnehmen darfst – wenn du es möchtest. Gnade will angenommen sein, damit sie wirken kann, auch das gehört zu ihrer Natur. Wenn du sie ignorierst oder ablehnst, dann kann sie dir nicht helfen. Gnade respektiert also deinen freien Willen als Mensch. Und, nicht zuletzt: Gnade wird Jedem zuteil, der sie sich wünscht, der sie also „beim Universum bestellt".

ICH liebe Dich!
Deine QUELLE

Wie schön und wie wunderbar erleichternd sind diese Worte! Vielen Dank, Lieber Gott – wenn ich DICH mal so anreden darf! Wenn ich DICH recht verstehe, und das mit meinem Herzen, dann dürfen wir alle zunächst einmal Uns Selbst begnadigen im ganz traditionellen menschlichen Sinne. Das heißt, wir dürfen uns selbst all das vergeben, wofür wir uns jemals selbst angeklagt haben. Wir dürfen DEINE Vergebung annehmen, die immer für uns da ist, und wir dürfen voller Staunen erkennen, dass wir vor DIR niemals „schuldig" sind! Wenn wir alle diese Schritte getan haben, dann werden wir allmählich reif für DEINE Gnade im Sinne der Offenbarung DEINER Liebe zu uns. Ja, und wer sich schließlich von DIR so sehr geliebt fühlt und weiß, derjenige kann endlich auch zur Selbstliebe und damit zur wahren Demut finden.

Lieber Menschenengel, der du dieses liest: Alles, was noch hart ist in dir und in mir – es darf Jetzt, in diesem heiligen Augenblick, weich werden und abfließen ins Göttliche Licht. Du kannst deine Härte auch verflüssigen und in die Erde einströmen lassen. Auch sie nimmt auf und transformiert, was uns bisher beschwert hat! Und weil Mutter Erde uns in diesem Sinne ebenfalls Gnade, also Liebe erweist, möchte auch sie uns jetzt etwas sagen:

Mutter Erde:
Mein geliebtes Menschenwesen, ich habe dich geliebt, so lange und so oft du es gewählt hast, deine kostbare Erfahrung hier in meinen Bereichen zu durchlaufen. Ich liebe dich immer, auch heute und in diesem Augenblick, der ebenso kostbar ist wie Du und deine ganz individuelle Erfahrung. Und ich bin so glücklich, dass ich dir heute und für alle Zukunft anbieten kann, dass du Alles, was dich belastet, an Mich abgeben darfst. Ich kann hier und heute so viel mehr aufnehmen und transformieren als zu früheren Zeiten! Mein kristalliner Kern, mein kristallines Herz, schlägt für Dich und nimmt Alles auf, was dich jemals bedrückt hat. Es verwandelt deine Trauer in Freude und deine Wut in Liebe. Es verwandelt deine Angst in Demut und damit in Selbstliebe. Meine Gnade für dich ist die Liebe eines Wesens, das zu allen Zeiten getragen hat, was die Menschheit belastete, aber in den letzten Jahrhunderten und Jahrzehnten der alten Energie war es sehr, sehr schwierig für mich. Hier und jetzt

schwinge ich schon sehr hoch, und somit kann ich unendlich viel mehr umwandeln als noch vor einigen Jahren. Vertraue dich mir an, geliebtes Menschenwesen, ich trage dich und ich nähre dich und ich liebe dich unendlich!

Deine Mutter Erde

Allerliebste Mutter Erde, ich danke dir! Ich danke dir im Namen aller, die diese Zeilen lesen werden, und ich danke dir im Namen der gesamten Menschheit! Du hast so grenzenloses Leid durch uns erfahren, und manche von uns fahren immer noch damit fort, dich zu quälen, dich auszuplündern und auszubeuten. Ich bitte dich für sie um Vergebung, da sie selbst noch ihre Augen verschlossen halten. Deine Liebe zu uns Menschen ist aber so groß, dass du – wie ich es wahrnehme – auch sie mitnehmen möchtest in den Aufstieg. Und so sehe ich, dass wir von der Gnade allseits sozusagen umzingelt sind *(kleiner Scherz)*, sodass es wirklich nur noch für uns ansteht, sie auch anzunehmen...

Ich schließe also dieses Kapitel heute, am 23. Dezember 2015, damit ab, dass ich für mich selber sage:

Ich nehme die Gnade in Dankbarkeit und Demut an!

43

Über unsere Wahlen

Ich fahre fort am Abend des 08. Januar 2016. Das neue Jahr kündigt sich als ein sehr kraftvolles und herausforderndes an. Umso wichtiger ist es für uns alle, dass wir immer wieder neu in unsere Mitte, und damit auch in die Selbstliebe, zurückkehren, wenn wir den inneren Halt einmal verloren haben. Wir können in jedem neuen Augenblick, mit jedem neuen Atemzug, eine neue Wahl treffen! In diesem jetzigen Moment nehme ich wahr, dass Jesus Christus mir gerne etwas zu diesem Thema übermitteln möchte. Ich dürfte Nein sagen, aber ich wähle hiermit, seine Worte zuzulassen. Es ist mir eine Ehre, lieber Jesus, dass du dich erneut in einen Text von mir einbringst – ich bin gespannt auf deinen Beitrag.

Jesus Christus:
Liebe Ines, lieber Menschenengel, sei mir gegrüßt. Ja, du hättest das Recht gehabt, mir das Wort zu verweigern, liebe Ines, denn es wäre ein Ausdruck deines Freien Willens gewesen, genauso wie es ein Ausdruck deines Freien Willens ist, dass du mir zu sprechen gestattest. Vielleicht fühlt sich nun mancher Menschenengel, der dies liest, befremdet: Jesus erlaubt Ines, ihm etwas zu gestatten (*sehr heiteres Lachen*)! Aber es ist so: Ein jeder Mensch ist der König/die Königin im eigenen Leben, und Jesus Christus ist keines Menschen Chef! Ich habe euch nichts zu befehlen - ihr seid frei! Ganz allgemein gesprochen: Kein Aufgestiegener Meister, kein Engel, nicht einmal GOTT selbst kann und darf euch Vorschriften machen; ihr seid frei zu wählen, was immer ihr wollt. Tja, und genau dieses hat natürlich in der langen Geschichte der Menschheit zu allerlei Verwerfungen geführt... Ich will damit sagen, dass ihr euch auf diesem Wege sehr viele und immense Herausforderungen selbst erschaffen habt. Denn da ihr gewählt habt, in der Dualität zu leben, habt ihr zugleich gewählt, über viele Lebenszeiten hinweg *unbewusste* Wahlen zu treffen. Diejenigen unter euch, die schon seit einer Weile auf dem Pfad des Erwachens gehen, wissen, was hiermit gemeint ist. Ihr erschafft euch alle Herausforderungen in eurem Leben selbst,

aber ihr tut dies unbewusst: Ihr merkt nicht, wie ihr durch eure Gedanken, Worte, Handlungen und Emotionen eure Zukunft beeinflusst, ja, tatsächlich erschafft. Ich gebe euch ein kleines Beispiel: Der halb bewusst, halb unbewusst gedachte Gedanke „Ich bin es nicht würdig" beinhaltet eine unbewusste Wahl! Ihr wählt nämlich durch diesen uralten Glaubenssatz nicht mehr und nicht weniger als euer eigenes Un-Glück. „Ich bin es nicht würdig geliebt zu werden", „Ich bin es nicht würdig Erfolg zu haben", „Ich bin es nicht würdig mich selbst zu lieben", „Ich bin es nicht würdig in Fülle zu leben"... und so weiter, und so fort. Was geschieht? Ihr lebt in unglücklichen Beziehungen; ihr seid erfolglos, obwohl ihr ein wundervolles Seelengeschenk mit auf die Erde gebracht habt; ihr lehnt euch selbst zutiefst ab und haltet das auch noch für ein Verdienst, weil ihr ja nicht egoistisch sein wollt; ihr beginnt eine Selbstständigkeit, um aus eurer Begeisterung für euer Seelengeschenk eine Geldquelle zu machen, aber ihr findet keine Kunden/Klienten...

Niemand von euch würde selbstverständlich unglückliche Beziehungen, Erfolglosigkeit oder Selbstablehnung *bewusst* wählen, das ist völlig klar. Was vielen von euch aber noch nicht klar genug ist: Auch eine unbewusste Wahl ist eine gültige Wahl. Und das Universum führt euren Auftrag, den ihr ihm damit erteilt habt, umgehend oder auch später unweigerlich aus, denn ihr seid die Schöpfer und die Mitschöpfer!

„Wie aber", so höre ich dich jetzt fragen, lieber Menschenengel, „wie komme ich dahin, dass ich wirklich bewusste Wahlen treffen kann?" Ja... das scheint zunächst gar nicht so einfach zu sein. Es ist nämlich so: Euer Ego, oder euer kleines Menschenich, glaubt selbstverständlich, bewusst sein Glück zu wählen, denn es wünscht sich: Gesundheit, Liebe, Erfolg, Lebensfreude, viel Geld... Nur leider – der Erfüllung dieser wundervollen Wünsche steht eure unbewusste Wahl des Un-Glücks diametral entgegen, und das in der Gestalt des Glaubenssatzes: „Ich bin es nicht würdig" und weiterer, ähnlicher Sätze. Da ist zum Beispiel der Satz: „Ich bin schuldig", verbunden mit einem sehr tief sitzenden Gefühl. Da ist der Satz: „Ich bin nichts wert", der Satz: „Ich bin ein Versager", der Satz: „Bei mir läuft sowieso immer alles schief", der Satz: „Hab ich's doch gewusst, das konnte ja nicht gutgehen!" Alle diese Glaubenssätze, alle diese offenen oder verborgenen Gedanken und Gefühle haben eines gemeinsam: Sie sind nicht liebevoll. Sie haben nichts mit Selbstliebe zu tun. Und jetzt höre ich dich erneut fragen, dieses Mal mit einer gewissen Verzweiflung in der Stimme: „Wie aber, lieber Jesus, überwinde ich diese uralten Muster und Denkgewohnheiten? Wie komme ich zu tatsächlich bewussten Wahlen, wie?"

Ich weiß, manche von euch, die dieses lesen werden, sind schon seit einigen oder sogar vielen Jahren auf dem Weg des Erwachens und üben sich darin, solche alten Muster aufzulösen und loszulassen. Ich weiß, ihr seid manchmal wirklich der Verzweiflung nahe, denn kaum glaubt ihr, es jetzt endlich geschafft zu haben, da beginnt schon die nächste Runde in eurem Kampf gegen das Alte in euch und um euch herum. Kampf? Ja, ich sagte Kampf, und ich meine es auch so. Ihr merkt nicht, dass ihr kämpft, und zwar gegen euch selbst! Ihr wollt diese alten Muster, Blockaden und Denkgewohnheiten weg haben, nicht wahr? Sie sind euch äußerst unerwünscht, da sie euch bekanntlich das Un-Glück bringen. Nun, geliebter Menschenengel, auch das ist nicht liebevoll, es entspricht nicht der Selbstliebe. Warum? Wenn ihr etwas loswerden wollt, das in gewisser Weise Teil von euch selbst ist, dann läuft das letztendlich auf Selbstablehnung hinaus. Du findest das vielleicht ein bisschen spitzfindig? Dann spüre einmal in dich selbst hinein. Wähle dir einen solchen ungeliebten Glaubenssatz aus, zum Beispiel, „Ich bin es nicht würdig". Fühle, was er mit dir macht, auch auf der körperlichen Ebene. Fühle die Emotionen, die hieraus entstehen. Kommt der Gedanke auf, dass du das alles loswerden willst? Dann kämpfst du noch. Wenn du aber in der Lage bist, deine Emotionen und körperlichen Gefühle nur einfach wahrzunehmen, ohne sie zu verurteilen, wenn du sie beobachtend wahrnehmen kannst, dann bist du auf dem Wege, dich wirklich selbst zu befreien. Warum? Weil du dann in der Lage bist, die Seelenanteile, die inneren Kinder vor allen Dingen, liebevoll wahr- und anzunehmen, die hier involviert, also verwickelt, sind!

„Aber Jesus, das praktiziere ich doch schon seit langem", werden nun einige von euch entnervt ausrufen. Ja, Liebes, das ist wunderbar – also weiter so! In diesen wirklich herausfordernden Monaten und Jahren möchte einfach Alles, was sich in Jahrtausenden angesammelt hat, entlassen und erlöst werden. Und das ist bei den meisten von euch ganz schön viel... Seid gepriesen für euren Mut und für eure Ausdauer, geliebte Menschenengel! Die gute Nachricht ist: Es darf von Tag zu Tag leichter vonstatten gehen – ihr braucht es euch nur zu erlauben. Und an dieser Stelle schlage ich dir vor, liebe Ines, lieber Menschenengel, eine erste bewusste Wahl zu treffen: Erlaube dir mehr Leichtigkeit! Sprich den Satz laut aus: „Ich bin bereit, mehr Leichtigkeit in meinem Leben anzunehmen." Es wird funktionieren, wenn du mit deinem ganzen Herzen bei diesem Satz dabei bist!

In tiefer Liebe zu DIR
Jesus Christus

Danke, geliebter und verehrter Jesus Christus, für diese wunderbare Botschaft! Heute, zwei Tage später, habe ich in mich hinein gespürt und mich gefragt, was der Satz „Ich bin es nicht würdig" denn mit mir macht. Ich war verblüfft: Es kam auf der Stelle die Antwort, dieser Glaubenssatz habe sich bei mir aufgelöst. Das ist mal eine gute Nachricht! Tatsächlich merke ich in den letzten Tagen immer mehr, wie ich Wertschätzung für mich selbst akzeptieren kann – von mir selbst und von anderen. Damit ist es mir jetzt tatsächlich möglich, mehr Leichtigkeit in meinem Leben anzunehmen, und das spreche ich hiermit aus!

Unsere freien Wahlen setzen also voraus, dass wir selbst uns immer freier machen, nämlich von all diesen behindernden Glaubenssätzen, die wiederum behindernde Verhaltensmuster nach sich ziehen. Freie Wahlen und Selbstliebe sprudeln aus derselben inneren Quelle der Erkenntnis unserer eigenen göttlichen Herkunft. Und das ist kein Verstandeswissen, sondern ein Wissen unseres Herzens. Mit dem Kopf wissen manche von uns nämlich schon längst, dass wir alle Göttliche Kinder sind. Und wenn genau du nun sagst, lieber Menschenengel, „Richtig, das weiß ich doch längst, warum muss diese Aussage ständig wiederholt werden?", dann schaue und spüre genau hin: Ist es dein Verstand, der jetzt ungeduldig wird und „es nicht mehr hören kann", oder ist es dein Herz? Ich sage dir aber, dass dein Herz niemals ungeduldig oder gar ärgerlich wird, wenn es auf seine göttliche Herkunft hingewiesen wird. Im Gegenteil, es freut sich und singt!

Wenn du es mir nun nachgemacht hast, lieber Menschenengel, und gerade eben die Wahl getroffen hast, mehr Leichtigkeit in dein Leben einzulassen, dann freue dich und singe auch! Wenn du nämlich diese Wahl von Herzen ausgesprochen hast, dann hat deine Seele sie gehört. Dann hat das Universum, haben die Engel, hat die gesamte Geistige Welt sie gehört. Und dann können die kleinen und die großen Wunder in dein Leben hereinkommen – aber gib Acht: Die vermeintlich kleinen Wunder können oftmals die größten sein...

Die Härte in uns schmelzen lassen

Wo wir gerade bei den Wahlen sind... Wenn wir uns mehr Leichtigkeit erlauben, dann ist es sehr liebevoll uns selbst gegenüber, nach
und nach die gesamte Härte schmelzen zu lassen, die sich noch in
unserem Inneren verbirgt und der Leichtigkeit entgegenstellt. Die
im letzten Kapitel durch Jesus Christus beschriebenen Glaubenssätze und zugehörigen Verhaltensmuster sind solche Zeichen von
Härte. Es gibt aber auch noch weitere Bereiche, in denen wir innere
Verhärtungen wahrnehmen und auflösen können. Meist haben sie
mit Verletzungen zu tun, die wir uns früher einmal zugezogen haben und die wir nicht fühlen wollen, weil sie zu weh tun. Als ich
siebzehn war, wünschte ich mir einen feuerfesten Asbest-Panzer
um mein Herz, um die Schmerzen eines Liebeskummers nicht spüren zu müssen. Ich hatte keine Ahnung, dass dieser Wunsch mir
selbstverständlich erfüllt wurde, weil ich ihn sehr eindeutig und sogar in gereimter Form ausgesprochen hatte. Den Liebeskummer
durchlitt ich trotzdem, aber die Konsequenz meiner Quasi-
Selbstverfluchung war, dass sich mein Herz total gegen mich selbst
verhärtete! Und ich bemerkte es nicht einmal... Erst knapp zwanzig
Jahre später, in meinen Dreißigern, wurde mir bewusst, wie sehr ich
mich selbst hasste. Und noch im Alter von 56 Jahren, also im Jahre
2005, war ich mehr oder weniger der Meinung, dass solcher Selbsthass etwas Löbliches sei, denn er war ja das Gegenteil von Egoismus. So dachte ich, denn vor zehn Jahren war mir immer noch
nicht klar, dass Selbstablehnung genau vom kleinen Menschenich,
vom Ego, her kommt.

Die Härte, mit der wir manchmal anderen Menschen begegnen, ist
letztendlich die Konsequenz der Härte uns selbst gegenüber. Ich
werde nicht müde zu betonen, dass, wer sich selbst nicht liebt, auch
nicht wirklich in der Lage sein kann, anderen Liebe zu geben. Dem
scheint die Tatsache zu widersprechen, dass ich gelegentlich sagen
höre: „Ich kann anderen so viel Liebe geben, aber mir selbst überhaupt nicht!" Lieber Menschenengel, wenn auch du dich selbst so

siehst – überprüfe deine Motivation. Hierzu möchte jetzt, wie ich eben bemerke, Erzengel Sandalphon eine Mitteilung durchgeben:

Erzengel Sandalphon:
Geliebter Mensch, du Engel in Menschengestalt! Ich freue mich, die Gelegenheit zu erhalten, dir zu ein wenig mehr Klarheit verhelfen zu dürfen. Das Stichwort „Motivation" gab gerade eben Ich unserer lieben Ines ins Bewusstsein hinein. Sie selbst wollte eigentlich etwas anderes schreiben und hat sich sogar gegen diesen Begriff ein wenig gewehrt... Also, Ines schrieb: „... wenn auch du dich selbst so siehst – überprüfe deine Motivation." Wenn du meinst, nur anderen Liebe geben zu können und dir selbst nicht, dann befindest du dich, geliebter Menschenengel, in einem erheblichen Ungleichgewicht, das kannst du vielleicht unmittelbar erkennen. Zunächst einmal bedeutet ja die benannte Tatsache selbst ein Ungleichgewicht. Die Ursachen für dieses Ungleichgewicht liegen aber in einer noch tieferen „Störung" deiner inneren Balance. (Bitte, missverstehe den Ausdruck „Störung" nicht als Kritik oder Abwertung. Ich habe ihn bewusst in Anführungszeichen gesetzt, weil Ines gerade keine treffendere Übersetzung dessen findet, was ich ihr in geistiger Sprache übermittle.) Worin besteht nun diese tiefere „Störung"? Nun, du kennst in diesem Augenblick deine eigene Motivation nicht wirklich. Dir ist nicht wirklich klar, was dich dazu bewegt, anderen Liebe zukommen zu lassen! Sehr häufig beinhaltet diese Motivation in erster Linie Mitleid. Und hier darf ich dir sagen, dass Mitleid das Gegenteil von Mit*gefühl* ist.

Ich möchte an dieser Stelle zurückverweisen auf Ines' Veröffentlichung „Der physische Aufstieg des Menschen". Auf den Seiten 94 bis 96 sprechen die Bäume über diese Themen. Sie führen aus, dass das Mitleid dem Trennungsbewusstsein entspringt, weil es sich mit einem „armen Opfer" identifiziert und diesem helfen will. Identifikation aber, so die Bäume, ist ein Zeichen von Unbewusstheit. Bewusste Einheit hingegen, Einheitsbewusstsein, „respektiert den anderen in seiner Individualität und in seiner jeweiligen Wahl. Das ist die Grundlage des Mitgefühls."[5] Die Wahl eines Menschen im Opferbewusstsein (das dem Trennungsbewusstsein entspringt) ist selbstverständlich eine unbewusste Wahl im Sinne dessen, was Jesus Christus im letzten Kapitel ausgeführt hat.

Viele Menschen stellen die Liebe zu eineR PartnerIn, zu den eigenen Kindern oder zu anderen Angehörigen über die Liebe zu Sich Selbst. Das erscheint auf den ersten Blick als sehr natürlich, ist jedoch ebenfalls eine Ausprägung des Trennungsbewusstseins. Wenn du dich nämlich im Einheitsbewusstsein befindest, dann bist Du Selbst der wichtigste Mensch in deinem Leben! In der Bibel steht, wie du weißt: „Liebe deinen Nächsten wie dich selbst." Es steht dort nicht, dass du sie oder ihn *mehr* als dich selbst lieben sollst. Betonen möchte ich außerdem die in diesem Satz ebenfalls enthaltene Aufforderung: „Liebe dich selbst." Sie wurde in 2000 Jahren gepredigten Christentums weitgehend unter den Tisch gekehrt. Welche Motivation steht nun hinter der Liebe zu PartnerIn und Angehörigen, wenn sie nicht aus der Selbstliebe heraus gewachsen ist? Geliebtes Wesen, es ist das, was die Buddhisten Anhaftung nennen. Dies kann sich sowohl auf Personen, als auch auf alle möglichen Sachen beziehen. Anhaftung beinhaltet immer eine Form von innerer Abhängigkeit. Die Person oder die Sache soll dich glücklich machen. Andersherum trifft auch zu: Du selbst machst, wenn es sich um einen Menschen handelt, dein eigenes Glück davon abhängig, dass es diesem Menschen gut geht. Wenn du aber so denkst, liebe Freundin, lieber Freund, dann wirst du immer einen Grund finden, dich in deiner eigenen Haut nicht wohlzufühlen...

Es gibt noch weitere mögliche Motive, warum du anderen Liebe erweist und dir selbst nicht. Ich werde dir einen wichtigen Grund erklären: Du möchtest dich selbst als guter Mensch fühlen und damit Gott - oder einer richtenden und verurteilenden Instanz in deinem Inneren – gefallen. Damit hoffst du, dich selbst zumindest ein klein wenig besser akzeptieren zu können...

---

5   „Der physische Aufstieg des Menschen", S. 95.

Ich weiß, dies alles so deutlich gesagt zu bekommen, tut dir unter Umständen sehr weh, geliebter Menschenengel. Ich habe es dennoch getan, weil ich mir so sehr für dich wünsche, dass du die Verhärtungen dir selbst gegenüber in deinem Inneren wahrnimmst und schmelzen lässt! Denn auch das Mitleid stellt eine Härte gegen dich selbst dar. Warum? Zusätzlich zu deinem eigenen Päckchen, das du trägst, lädst du dir noch das Un-Glück aller anderen auf den Buckel, um es stellvertretend zu schleppen.

Damit gebe ich das Wort zurück an Ines. Ich liebe und ehre dich von ganzem Herzen!

Dein Erzengel Sandalphon

Na... das sind starke Worte... Ich danke dir, lieber Erzengel Sandalphon, für diese Klärung! Und nun möchte ich mit dir darüber sprechen, lieber Menschenengel, der du mir bis hierher mit deiner Aufmerksamkeit gefolgt bist, wie, auf welchem Wege, wir all die Härte in uns schmelzen lassen können. Es gibt gewiss ziemlich viele Wege, um dies zu tun, jedoch in meinem eigenen Werkzeugkasten liegt seit Neuestem ein ganz besonders einfaches Instrument, nämlich der spontane meditative Tanz in der Form von fließenden Bewegungen. Härte schmelzen zu lassen, bedeutet ja, sie sozusagen zu verflüssigen, also in den Fluss zu bringen. Den Impuls hierzu hat mir meine Seele erst gestern, am 10. Januar 2016, geschenkt. Und ich muss sagen, nachdem ich es ausprobiert habe, ich bin begeistert. Hier brauchst du keinerlei Vorgaben, keinerlei festgelegten Bewegungsabläufe. Du stellst dir eine ruhige Musik an und gibst dich den Impulsen deines Körpers hin. Meine Seele gab mir dazu die nachstehende kurze Anleitung:

„Zu Beginn lausche ein wenig der Musik, und dann lausche in dich hinein — was empfindest du, was empfindet dein Körper? Und dann nimm mit Mir, mit deiner Essenz, deiner Göttlichen Präsenz Verbindung auf — einfach, indem du dies aussprichst. Nimm mit den erwachenden Zellen deines Körpers Kontakt auf, und auch mit dem Universum und Mutter Erde. Anschließend beginnst

du, dich sanft zu bewegen. Lasse deinen Verstand gänzlich gehen und folge frei und spontan den Impulsen deines Körpers. Er weiß, was gut für dich ist – vertraue seiner Weisheit. Du brauchst nicht viel Platz, denn du wirst keine „großen Sprünge" machen. Gehe ein wenig umher, mit fließenden Bewegungen, und lasse deine Arme mitschwingen. Lasse deine Hüften kreisen oder hin und her schwingen. Breite die Arme aus und lasse sie die Bewegungen ausführen, die sie gerne ausführen möchten. Deiner Fantasie – der Fantasie deines Körpers – sind keine Grenzen gesetzt. Wichtig ist nur, dass du achtsam bist und bleibst: Beobachte dein Körpergefühl und deine Emotionen. Es kann gut sein, dass du irgendwann die Angst vor dem Fluss deutlich spürst. Habe keine Angst vor ihr, sondern erlaube ihr zu fließen! Erlaube ihr, durch dich hindurch zu fließen. Auch die Angst ist nichts weiter als eine Energie. Du kannst durchaus sagen, dass sie niedrig schwingende Liebe ist... Wenn du nach einer Viertelstunde oder länger merkst, dass es für dieses Mal gut ist, setze dich noch für ein paar Minuten hin, schließe deine Augen und lasse die Angst, oder andere negative Emotionen, die du wahrgenommen und in den Fluss gebracht hast, durch deine Füße in die Erde einströmen. Mutter Erde wird sie für dich transformieren."

Meine Seele spricht hier von der „Angst vor dem Fluss". Was sie meint, ist der Fluss des Lebens, der gleichbedeutend ist mit dem Fluss unserer eigenen Lebens-Energie. Dem Fluss unseres äußeren Lebens entspricht nämlich genau unser innerer Fluss. Alle unsere inneren Härten können wir als Blockaden unserer Energie auffassen – im Bild gesprochen, als Felsen oder andere Hindernisse, die zu Stromschnellen und Strudeln führen. Wenn wir nun diese Hindernisse oder Härten in uns durch die lebendige und hingebungsvolle Bewegung unseres Körpers schmelzen lassen, dann kann unser Lebens-Fluss zu einem ruhigen, breiten Strom werden, der uns mit großer Leichtigkeit dem Ozean – oder neuen Ufern – zu trägt.

Noch ein Wort zum Thema „Angst", das ich zu einem späteren Zeitpunkt noch genauer behandeln werde: Angst hat ganz viel mit Härte zu tun! Ja, die inneren Härten, und auch die Verhärtungen und Verspannungen in unserem Körper, sind eigentlich nicht mehr und nicht weniger als kristallisierte Angst. Den Begriff „kristallisiert" hat mir soeben meine Seele eingegeben; ich werde sie in dem entsprechenden Kapitel fragen, was sie damit meint. Diese Härten weich werden und schmelzen zu lassen, bedeutet also zugleich, unsere Angst in Selbst-Liebe zu verwandeln. Dass dies so kinderleicht über die fließenden Bewegungen unseres Körpers verwirklicht werden kann, finde ich grandios. Ich lade dich also dazu ein, täglich mindestens ein Mal Dich Selbst zu tanzen!

Dankbarkeit ist Selbstliebe

Ja... über die Dankbarkeit ist schon vieles gesagt und geschrieben worden – auch in einem von mir selbst veröffentlichten Buch: In „Das Heilwissen der Bäume und die Botschaft vom Wind" hat der Wind diesem Thema ein Kapitel gewidmet.[6] Er stellt dort in seinen einleitenden Worten fest: „Die Dankbarkeit ist der Schlüssel zum Glück, ja, auch zu dem, was ihr Erleuchtung nennt."[7] Heute, an diesem 12. Januar 2016, ist mein Herz, ist mein ganzer Körper, mein ganzes Sein von Dankbarkeit erfüllt! Sie kam vorhin einfach so angeflogen, nachdem ich zur Musik von „Terra Musica"[8] ein wenig getanzt hatte. Ich wollte mich danach in meinem Tagebuch mit meiner Seele unterhalten, aber ich konnte nur zum Ausdruck bringen, dass ich ihr so dankbar bin. Dann lud sie mich ein, diese Dankbarkeit doch einfach einmal zu fühlen und durch mich hindurch strömen zu lassen. Das habe ich getan und tue es jetzt noch weiter... Ich glaube, ich werde das Gespräch mit meiner Seele nun hierher verlagern. Ja, das ist völlig stimmig! Also...

Ines:
Meine allerliebste Seele, ich fühle mich so dankbar! Es ist solch eine beglückende Wahrnehmung, dass alles, einfach Alles in meinem Leben gepasst hat und passt. Es gibt keine Erfahrung, und sei sie im entsprechenden Augenblick noch so herausfordernd und unangenehm und unerwünscht gewesen, die nicht wichtig und letztendlich gut für mich gewesen wäre. Alles, einfach Alles hat nämlich dazu geführt, dass ich mich Jetzt Hier so wohl in meiner eigenen Haut fühlen kann. Es ist jetzt einfach da, dieses Wohlbefinden, dieses Gefühl von Einklang mit Dir, mit Mir Selbst. Ich habe es nicht gemacht oder herbeigedacht, es kam einfach angeflogen, wie ich oben

---

6   Ines Nandi: „Das Heilwissen der Bäume und die Botschaft vom Wind", Ch.Falk-Verlag, Seeon, 2014, S. 155-157.
7   Seite 155.
8   www.terramusica.net

schon feststellte. Es ist ein Geschenk des Lebens, ein Geschenk von Dir, ein Geschenk Gottes...

Seele:

Mein allerliebstes Mädelchen, wie freue ich mich! Und kannst du nun sehen, wie zutreffend die Überschrift zu diesem Kapitel ist, die Ich dir vor einigen Tagen schon eingegeben habe? Indem du erkennst, dass alle deine bisherigen Erfahrungen genau passend für dich waren, siehst du ja, dass Du als ihre Schöpferin ganz genau richtig für Dich Selbst gewählt hast. In der Tat, deine Wahlen waren unbewusst, aber habe Ich dir nicht schon in den frühen 80er Jahren des 20. Jahrhunderts den genau passenden Satz dazu geschenkt? Du weißt, er lautete:

> Folge dem Weg der Irrtümer –
> Er führt dich zu den Quellen!

Ich meinte selbstverständlich deine inneren Quellen, und damit auch die Göttliche QUELLE... Indem du nun Hier und Heute Mir deinen Dank aussprichst, spürst du selbst, wie sehr du Dir Selbst dankbar sein darfst und dankbar bist! Ja, ich sehe, wie diese Dankbarkeit dir selbst gegenüber dich in diesen Stunden mit Liebe zu dir selbst erfüllt. Ich sehe, wie du innerlich erblühst durch diese tiefe Freude an dir selbst. Ja, ja, und nochmals ja, mein Liebes, du darfst dich zutiefst an dir selbst freuen! Es ist dies ein Durchbruch der besonderen Art, nämlich ein Damm-Bruch: Energien von Härte und Angst, die den Fluss deines Lebens und deiner Liebe künstlich eingedämmt hatten, sind in den letzten Tagen so sehr aufgeweicht worden, dass dieser alte Damm der Energie der Freude und der Dankbarkeit nicht mehr standhalten konnte und in sich zusammenfiel.

Ines:

Liebste Seele, dies sind nun sehr persönliche Zeilen, aber ich finde, dass sie durchaus in dieses Buch hinein gehören. Mein erstes Manuskript zum Thema Selbstliebe krankte ja gerade daran, dass ich diese wunderbare Energie selbst noch gar nicht richtig spüren konnte. Und also konnte sie auch nicht zwischen den Zeilen fließen, wie im Nachwort behauptet wurde. Jetzt aber lasse ich dieses neue Buch wachsen und reifen in dem Maße, wie ich selbst mir erlaube zu wachsen, zu blühen und zu reifen!

Seele:
Ja... und genau so ist es Jetzt richtig für dich. Im Sommer 2015 aber warst du „noch nicht so weit", wie das alte Bewusstsein es formulieren würde: Du hattest die unbewusste Wahl getroffen, eine starke Frustration und einen Misserfolg zu erleben. Warum? Du brauchtest diesen vermeintlichen Rückschlag noch einmal, um anschließend dich noch konsequenter und bewusster auf den Weg zu Dir Selbst zu begeben. Darum: Sei dir selbst ganz besonders dankbar für diesen Misserfolg, den du dir noch einmal erschaffen hast.

Ines:
Danke, liebe Seele, und Dank an mich selbst in meinem kleinen Menschenich! Kannst du jetzt vielleicht noch ein paar allgemeinere Worte zu diesem Thema „Dankbarkeit und Selbstliebe" sagen, meine Seele?

Seele:
Sehr gerne! Aber wie wäre es, wenn wir beide, Du und Ich, unsere Stimmen vereinigen würden? Wir sind doch in Wahrheit niemals getrennt, sondern immer schon Eins. Du bist Ich, und Ich bin Du, nicht wahr?

Ines und Seele:
Und So Ist Es: „Im Anfang war das Wort, und das Wort war bei Gott, und Gott war das Wort." Warum zitiere ich jetzt ausgerechnet die ersten Zeilen des Johannesevangeliums? Nun, „das Wort", auf Griechisch der *Logos*, war vom Evangelisten auf Jesus Christus gemünzt, den Gottessohn. Diese Zeilen treffen aber auf jedes ein-

zelne menschliche Gotteskind zu. Und so war im Anfang auch die Ines, und die Ines war bei ihrer Seele, und die Seele war die Ines. Starker Tobak, lieber Menschenengel? Ersetze doch einfach einmal den Namen Ines durch deinen eigenen und spüre hin, was das mit dir macht. Wie fühlt sich das an? Ja... wenn du dich wirklich darauf einlässt, dann wirst du entdecken, dass zwei ganz wunderbare Energien in dir zu fließen beginnen: die Energie der Dankbarkeit, und die Energie der Selbstliebe! Du spürst deine Dankbarkeit GOTT gegenüber, deiner Seele gegenüber, und nicht zuletzt Dir Selbst gegenüber. Und es kann gar nicht anders sein: Aus dieser dreifachen Dankbarkeit entspringt eine dreifache Selbstliebe. Denn Dankbarkeit und Selbstliebe kommen aus einer gemeinsamen Quelle: der Selbsterkenntnis nämlich...

Wenn also die Erkenntnis deiner Selbst dich zur Dankbarkeit führt, und die Dankbarkeit zur Selbstliebe, dann schließt sich der Kreis, den du über Jahrtausende in zahllosen Leben beschrieben hast: Du rennst dir selbst nicht mehr wie in einem Hamsterrad hinterher, sondern du bleibst stehen und siehst, dass du schon immer Bei Dir Selbst Bist! Bleibe also Jetzt stehen, geliebter Menschenengel, bleibe stehen und steige aus dem imaginären Hamsterrad aus – es war der „Weg der Irrtümer". Die Quellen sind immer da, und sie sind In Dir – hast du es nicht tief in dir durch alle Zeiten gewusst?

Erleuchtung ist nicht mehr als eben dieses, also in Wahrheit etwas gänzlich Unspektakuläres, wenn du Es einmal erreicht hast. Tja... „erreicht"... Wenn du aus diesem Hamsterrad der unbewussten Wahlen und Erfahrungen aussteigst, dann kannst du endlich sehen, dass es nie etwas zu erreichen gab oder gibt:

Du brauchst lediglich stehen zu bleiben...

Sich spüren

Inzwischen ist eine gute Woche vergangen – ja, es war etwas mehr als eine Woche, und es war eine gute Woche. Ich habe an einem anderen, weniger umfangreichen Manuskript gearbeitet, das ich auch fertigstellen konnte. Danke für deine Hilfe, liebe Seele, und Dank an mich, den Menschenengel, für meinen Fleiß! Ich war im Fluss, und das war wunderschön. Hier und heute bin ich ziemlich müde, das war auch gestern schon so. Ich werde daher an diesem 20. Januar nicht allzu viel formulieren, denn ich möchte Rücksicht auf meinen lieben Körper nehmen, den ich über so viele Jahrzehnte hinweg einfach ausgebeutet habe. Wie die meisten Menschen, so habe auch ich von ihm verlangt zu funktionieren, und wenn er mal nicht so konnte, wie ich es wollte, dann war ich sauer auf ihn. Heute kann ich seine Müdigkeit annehmen. Ich erlaube mir sie zu fühlen und ihr nachzugeben. In diesen herausfordernden Monaten sind unsere Körper mit immer höheren Schwingungen auf der Erde konfrontiert, sie gehen durch zahllose Transformationen, entlassen Altes und nehmen Neues auf... Bis in die Zellen, ja, bis in die Atome hinein erfahren wir Veränderung. Wie sollten wir, wie sollten unsere Körper da nicht manchmal müde sein dürfen, oder auch krank?

Heute ist Sonntag, der 24. Januar 2016. Was war in der vergangenen Woche mit mir los? Ich verrate es dir, lieber Menschenengel: Genau heute vor einer Woche habe ich meinen Körperzellen die Erlaubnis gegeben, unendlich viel Schmerz auszuleiten und an Mutter Erde und das Universum zur Transformation abzugeben. Es waren die Schmerzen Aller meiner Ahnen und Aller meiner vergangenen Inkarnationen! Meine Seele sagte mir dazu am letzten Sonntag, ich solle auf einige Müdigkeit und eventuell auf einen grippalen Infekt gefasst sein. Was eintrat, war die Erschöpfung besonders am Mittwoch und am Donnerstag in den Spätnachmittags- und frühen Abendstunden. Am heutigen Tage vollendet sich der Prozess: Ich lasse allen Schmerz gehen, der mit der Beziehung zu meinem Mann in diesem und in allen früheren Leben zu tun hat. Zugleich lasse ich Jetzt meinen lieben Mann vollkommen los! Ich klammere mich nicht mehr an ihn, wie ich das über so lange Jahre und sogar Jahrzehnte tat – ich erwarte nicht mehr von ihm, dass er mir Sicherheit und Geborgenheit geben und mich emotional und finanziell nähren soll. Ich betrete die Heimat In Mir Selbst – mein eigenes Neues Land, wo meine Seele für mich sorgt!

Wie kann es sein, dass ich in diesen Tagen zu solchen weitreichenden und befreienden Schritten in der Lage bin? Es hängt ganz einfach damit zusammen, dass ich inzwischen – nach jahrzehntelangen Prozessen – dazu bereit bin, Mich Selbst und Alle meine Gefühle zu spüren. Die Schmerzen, die ich zuvor mit aller Gewalt zu unterdrücken versucht hatte, durften und dürfen jetzt genau darum gehen, weil ich keine Angst mehr vor ihnen habe. Ich habe keine Angst vor meinen Emotionen mehr, und ich erlaube hiermit ihnen allen, zum Vorschein und ins Fließen zu kommen! Der Panzer um mein Herz, den ich mir im Alter von siebzehn Jahren erschuf, ist hier und heute endlich, endlich geschmolzen. Und ich kann jetzt sehen, dass all der so sehr gefürchtete alte Schmerz aus Jahrtausenden dadurch entstand, dass ich in meinem kleinen Ego bestimmte Erfahrungen als schlecht verurteilte und ablehnte. Der Schmerz entstand aus dem Widerstand gegen diese Erfahrungen, die ich mir doch selbst erschaffen hatte, ja, die ich in einer gewissen Weise sogar hatte machen wollen.

Ich spüre gerade, da ist noch eine große Angst davor, dass die Seele meines Mannes ihn bald zu Sich heimholen könnte. Sie hat mir vorhin versprochen, dass sie dies im gegebenen Falle auf eine ganz sanfte Weise tun werde. Sie hat auch gesagt, dass sie noch nicht wisse, was sie wann tun werde und dass es ganz auf den Wunsch ihres Menschen, meines Mannes also, ankomme. Dieser äußerte in den letzten Monaten immer wieder, dass er keine echte Lebensfreude mehr empfinde und am liebsten gehen würde... Ich atme also mit dieser Situation und erlaube mir, mich selbst darin zu fühlen. Es ist so wohltuend und befreiend, Mich zu spüren! Dabei fällt mir ein, dass mein diesmaliger leiblicher Vater, den ich sehr geliebt und verehrt habe, ja relativ früh, im Alter von knapp 53 Jahren, an Leukämie verstorben ist. Ich war damals gerade 26 und in den ersten Tagen zutiefst verzweifelt – ich wollte selbst nicht mehr leben. Eine Freundin wies mich zurecht: Ich solle meine Trauer nicht so maßlos übertreiben. Irgendwie habe ich bald darauf meinen unbändigen Schmerz verdrängt, und auch alle meine anderen Gefühle meinem Vater gegenüber. Dieser ist, wie ich weiß, inzwischen längst ein erlöstes und freies Lichtwesen. Ich danke ihm an dieser Stelle für Alle Erfahrungen, die ich durch ihn und mit ihm machen durfte! Und ich bin mir der Tatsache bewusst, dass meine Beziehung zu ihm immer sehr stark in die Beziehung zu meinem Mann hineingespielt hat. Auch meine Angst, mein Mann könnte bald sterben, hängt mit der Erfahrung des frühen Todes meines Vaters zusammen. Ich kann es jetzt fühlen.

Lieber Menschenengel, warum erzähle ich dir dies alles? Nun, eine weise Amerikanerin, Lola Jones, hat einmal sinngemäß gesagt: „Du bist frei, wenn du vor keinem Gefühl mehr Angst hast." Die Angst vor seelischer Verletzung, die aus der Ablehnung entsprechender Erfahrungen und der damit verbundenen Gefühle stammt, ist die Ursache dafür, dass wir unser Herz irgendwann einmal für die Liebe verschlossen haben. Und zwar nicht nur für die Liebe zu anderen Menschen, sondern vor allen Dingen für die Liebe zu Uns Selbst. Haben wir etwa auch Angst, uns selbst zu verletzen? Oh ja, das ist so, denn wir tun dies ständig: indem wir uns schuldig, minderwertig und ohnmächtig fühlen zum Beispiel. Es ist aber nicht unsere Selbst-Liebe, die uns diese Verletzungen zufügt, sondern unsere Selbst-Ablehnung. Wir dürften also eher Angst vor dieser Selbst-Ablehnung empfinden als vor der Selbst-Liebe... Paradoxerweise haben wir das aber nicht, denn das alte Bewusstsein, in dem wir alle aufgewachsen sind, hat uns ja suggeriert, dass Selbst-Ablehnung ganz normal sei und Selbst-Liebe Egoismus bedeute.

Ja... paradoxerweise haben wir genau davor Angst, Uns Selbst zu lieben! Ein klein wenig kenne aber ich selbst inzwischen das Glücksgefühl, das sich in mir ausbreitet, wenn ich die Liebe zu mir selbst zulasse. Ich möchte dich dazu einladen, es Dir ebenfalls zu erlauben. Die Angst vor dem Glücklichsein ist ja so weit verbreitet, und sie hängt damit zusammen, dass wir so gerne am Altgewohnten festhalten. Wir halten fest am Bekannten, so unerwünscht wir es auch finden – es vermittelt uns eine trügerische Sicherheit.

Deine Angst vor der Selbst-Liebe hängt zusammen mit der Angst, dich zu zeigen, so wie du Wirklich Bist. Wenn du diese Ängste endlich hinter dir lassen möchtest, dann habe keine Angst mehr vor ihnen! Lasse sie an dein Bewusstsein treten und spüre sie! Denn wenn du die Angst vor der Angst nicht mehr fürchtest, sondern sie einfach fühlst und fließen lässt, genau dann machst du dich innerlich frei. Und dieses Fließen lassen geht ganz einfach vermittels des Weichen Atems...

Lieber Menschenengel, ich komme noch einmal auf meine eigene Erfahrung zurück. Ich bringe sie darum ein, weil ich mir sicher bin, dass viele meiner LeserInnen ganz ähnliche Erfahrungen gemacht haben und machen und dass du dich selbst also darin in gewisser Weise wiederfinden kannst. Wieder finden... Dich Selbst... Vorhin habe ich mir eine etwas längere Mittagsruhe gegönnt, die durch den Anruf einer lieben Freundin beendet wurde. Ich konnte nicht schlafen, aber in der geschützten Höhle meines Bettes kamen Erinnerungen hoch, die alle mit dem Gefühl von Verlassenheit und Verlorenheit zu tun hatten, das mich noch bis vor kurzem durch mein Leben begleitete. Nun spürte ich die kleine Ines. Sie war vielleicht zweieinhalb Jahre alt, und sie fühlte sich so allein! Ihre Mutti war zwar zu Hause, und sie gab sich sehr viel Mühe, aber da war noch der jüngere Bruder, der schon gut ein Jahr nach Ines geboren war – und die Mutti war wieder schwanger.[9] Zu allem Überfluss trug die Mutter selbst eine tiefe Verlassenheits-Wunde in sich: Sie hatte sich

---

9   Ich bin das älteste von sieben Kindern.

als kleines Mädchen häufig zu ihrer Tante abgeschoben gefühlt und auch geglaubt, gar nicht das leibliche Kind ihrer Eltern zu sein... Die Geschichte meines Vaters fiel mir wieder ein: Mein Großvater verließ seine Frau und drei kleine Kinder – mein Vater Peter war das älteste und ungefähr sieben Jahre alt – wegen einer jüngeren Frau. Mein Vater sprach nie auch nur ein einziges Wort über diese Geschichte, und überhaupt nie über seine Gefühle; ich wusste davon durch meine Mutter. Aber wie stark spürte die kleine Ines die verletzten inneren Kinder ihrer Eltern! Wie sehr spürte und trug sie die Wunden der inneren Kinder Aller ihrer Ahnen – und das bis heute! Dem kleinen Mädchen, das ich war, war dies nicht bewusst, aber Hier und Heute weiß ich, dass es so war.

Dies alles kommt heute ins Spiel, indem ich dabei bin, meinen lieben Mann innerlich vollständig loszulassen – geschehe, was geschehen mag! Ich spüre mich selbst dabei sehr intensiv, aber weinen kann ich nicht. Es muss auch nicht sein. Als junge Frau habe ich im Zusammenhang mit ehelichen Auseinandersetzungen sehr häufig und sehr viel geweint, habe mich im Drama und im Schmerz geradezu lustvoll gesuhlt. Drama braucht nicht mehr zu sein. Herz-Schmerz auch nicht. Aber Spüren... Fließen lassen mit dem Atem... Abfließen lassen zu Mutter Erde und Vater Himmel... Das ist es, was befreit... Ich wünsche dir, lieber Menschenengel, dass du dich für deine eigenen, ganz persönlichen Gefühle öffnen und sie annehmen kannst. Dann kann das Mitgefühl für dich selbst, die Liebe zu dir selbst, erblühen, auf die du vielleicht schon so lange wartest!

Strafende Götter, „was die Leute denken" und das verletzte innere Kind

Dies ist eine etwas längere Kapitelüberschrift, aber ich wollte in die Formulierung hineinlegen, wie sich das Thema Fremdbestimmung für unser inneres Kind anfühlt. Und noch einmal möchte ich auf meine eigene Erfahrung zurückgreifen, um diese Überschrift mit Leben zu füllen. Die Sache ist gerade brandaktuell für mich – wir schreiben den 27. Januar 2016 und es ist schon Abend. Heute ist mir in einem spirituellen Forum, der „Oase", etwas zugestoßen, das genau mit dem Thema zu tun hat. Und anstatt in diesem Forum darauf zu antworten, hat mein inneres Kind das Erlebnis hier in diesem Rahmen bearbeiten wollen.

Worum es heute ging: Eine Oasen-Teilnehmerin hatte ein persönliches Problem geschildert, und ich folgte daraufhin dem Impuls, ihr eine von mir gemalte Seelen-Energiekarte anzubieten, damit sie auf diesem Wege Unterstützung durch ihre eigene Seele erhalten könnte. Um ihr zu zeigen worum es ging, setzte ich den Link auf meine Website. Nun nehme ich aber für diese kleinen Original-Aquarelle einen Energieausgleich, und das war der Stein des Anstoßes. Lea, die Betreiberin der „Oase", die Chefin sozusagen, wies mich in einer Antwort auf meinen Beitrag öffentlich zurecht: Sie erinnerte mich daran, dass es ein Verstoß gegen die Regeln des Forums sei, anderen Mitgliedern eigene kostenpflichtige Angebote vorzulegen. Diese Regel sei einzuhalten, damit weiterhin ein liebevolles Miteinander ermöglicht werde.

Was soll ich sagen? Dieser Rüffel vonseiten der Forums-Göttin traf mich bis tief ins Mark hinein! Ich spürte zu dem Schmerz hin und erkannte sehr bald, dass hier mein inneres Kind an eine seiner tiefsten Wunden erinnert wurde: Es wurde von einer geliebten Autorität bestraft! Eine Strafe war es nämlich für dieses Kind, und eine Bloßstellung noch dazu, denn sofort war auch diese allgegenwärtige Frage da, mit der ich aufgewachsen war: „Was denken denn jetzt die Leute (im Forum) von mir?"

Das kleine Kind Ines war von seiner ursprünglichen Veranlagung her sehr lebendig – ich habe es schon erwähnt. So lebendig, wie letztendlich jedes kleine Kind von seiner ursprünglichen Veranlagung her ist. Es war neugierig, es stellte, als es etwas älter war, viele Fragen, und sein Plappermäulchen stand schon als Kleinkind selten still. Meine Umgebung verpasste mir daher den Spitznamen „Watschstroch", was die rheinländische Variante der hochdeutschen (?) Brandmarkung „Quasselstrippe" ist. Und weil ich offenbar auch ganz gerne matschte und schlabberte, hieß ich auch noch das Schweinchen „Wullewutz". Einer der ersten Sätze, die ich sprechen konnte, war: „Ines Wattoo, Ines Wullewutz", wie mir in späteren Zeiten amüsiert erzählt wurde. Mir zieht sich heute das Herz vor Mitgefühl mit mir selbst zusammen, wenn ich an diese Selbstbrandmarkung und ihre Folgen denke. Die Ablehnung des „Matschens" führte dazu, dass ich heute noch eine starke Abwehr dagegen empfinde, wenn kleine Kinder mit „Matsch" oder „Dreck", sprich, mit nassem Sand oder nasser Erde, spielen. Es ist noch nicht so lange her, da musste ich mich auch überwinden, feuchten Kuchenteig mit den Händen zu kneten...

Irgendetwas in mir muss schon sehr, sehr früh den Schluss gezogen haben, dass ich nicht erwünscht war, so wie ich wirklich war. Ich sollte mich anpassen, sollte brav und unauffällig sein. Und obwohl dies nie ausdrücklich formuliert wurde, verstand ich, denn das emotionale Klima war eindeutig. Die Götter, also meine Eltern und Verwandten, wünschten nicht, dass ich unangenehm auffallen sollte, also zwang ich mich – natürlich auf unbewusstem Wege – dazu, mich zu einer schüchternen Grauen Maus zu entwickeln. So betitelte ich mich selbst über Jahrzehnte, und das war eine Selbstvergewaltigung ohne Ende... Ja, bis ich mich heute im Forum einfach hatte zeigen wollen. Das kleine Mädchen in mir wollte etwas vorzeigen, das es selbst gemacht hatte, und worauf es stolz war. Dabei verletzte sie aber eine Regel! Die – als solche verstandene – Strafe in Gestalt der Zurechtweisung durch die Göttin der Gemeinschaft folgte sogleich...

Ich finde es fast schon tragisch, dass mir so etwas ausgerechnet in einem Forum passiert ist, in welchem tatsächlich ein liebevolles Miteinander gepflegt wird. Ich finde auch die Regel, gegen die ich verstoßen habe, durchaus sinnvoll und angemessen, denn in der „Oase" geht es um gegenseitige Unterstützung. Ständige Werbung aller Teilnehmer für die eigenen Angebote könnte durchaus mit der Zeit das Klima vergiften. Es gibt sinnlose, einengende Regeln, und es gibt liebevolle Regeln für ein tatsächliches Miteinander. Und es ist auch in Ordnung – für mich, die erwachsene Ines – dass Lea mich an die Regel erinnert hat, die ich mit Eintritt in das Forum akzeptiert habe. Was so schmerzt, das ist die Wunde meines inneren Kindes, das sich selbst in eine allgefällige Schablone presste. Ja, das Kind in mir wollte allen gefallen. Vor allen Dingen wollte es den Göttern, den geliebten Autoritäten also, gefallen. Anscheinend wünscht es sich das heute noch.

Schmerz also noch einmal. Und das, obwohl ich neulich so viel davon habe gehen lassen! Und wie komme ich da heraus?

Die erwachsene Ines nimmt, zusammen mit ihrer Seele, die verletzte kleine Ines in den Arm, hält sie ganz lieb, lässt sie weinen und tröstet sie: Kleines, wir sind für dich da, und bei Uns darfst du dich jederzeit so zeigen, wie du wirklich bist. Wir stellen auch keine Regeln für dich auf, außer einer einzigen, die Dir dient: Verletze dich niemals mehr selbst! Verurteile dich nicht selbst! Und zusammen pfeifen wir darauf, was die Leute von uns denken...

Ja, so ist es, und die kleine Ines darf weinen, so viel und so lange sie mag. Niemand nennt sie deswegen eine Heulsuse, wie das alte Schimpfwort lautet.

Ich glaube, ich brauche hier nichts Allgemeines anzufügen. In der einen oder anderen Weise wirst auch du, lieber Menschenengel, dich in der kleinen Ines wiederfinden. Die ist gerade dabei, sich bei der großen Ines und bei ihrer Seele einzukuscheln und zu spüren:

Ich bin unendlich geliebt!

Alle Wunden heilen im Inneren Zuhause...

Strafen und die „Liebe"

Es ist jetzt kurz nach fünf Uhr am Morgen. Bis vor einer Stunde habe ich fest geschlafen, dann lag ich wach und mir wurde bewusst, dass ich gestern Abend zwar von den strafenden Göttern meiner Kindheit geschrieben habe, aber nicht von ihren Strafen. Danach gingen mir einige Geschichten im Kopf herum und berührten mein Herz sehr tief – tiefer als jemals zuvor. Ich möchte diese Geschichten jetzt erzählen. Nicht um ihrer selbst willen, sondern um all unserer verzweifelten, weinenden inneren Kinder willen, lieber Menschenengel. Sie spielen in meiner eigenen Kindheit und in der Kindheit meiner Verwandtschaft mütterlicherseits.

Wo fange ich an? Ich glaube, ich beginne mit diesem Bibelzitat, das vermutlich zwei Jahrtausende lang verwendet wurde, um pädagogische Gewalt gegen Kinder zu begründen:

„Wer sein Kind liebt, der züchtigt es."

Ich kenne den Zusammenhang nicht, aus dem dieser Spruch gerissen wurde, aber das ist auch nicht notwendig. Die Essenz dieser Maxime ist, dass gute Eltern oder Lehrer ein aus ihrer Sicht ungezogenes Kind schlagen sollen, damit aus ihm etwas wird. Ich selbst muss in einem früheren Leben eine solche Mutter gewesen sein, die ihre Tochter liebte und genau deswegen regelmäßig verprügelte – weil sie ihr keine Schande machen sollte.[10] Die unglaubliche Härte dieses alten Trennungsbewusstseins – sich selbst und anderen gegenüber – spiegelt sich auch in dem Satz: „Es hat dir doch nichts geschadet, es ist ja etwas aus dir geworden." *Etwas*, damit ist ein vollkommen angepasster Mensch gemeint.[11]

---

10 Diese Tochter begegnete mir in diesem Leben als eine meiner Klientinnen. Ich habe es ihr gesagt und sie um Verzeihung gebeten, aber ich hatte dabei den Eindruck, dass sie das Ausmaß ihrer eigenen Verletzung nicht spürte...

11 Fatal, also schicksalhaft und Schicksal-bildend ist es, wenn ein Mensch dies für sich selbst übernimmt. So erinnere ich mich an eine Arbeitskollegin, die erzählte, man habe sie, wenn sie als Baby schrie, mit ihrem Kinderwagen auf den Balkon geschoben und die Tür geschlossen, damit sie nicht gehört wurde. „Es hat mir nichts geschadet", sagte sie mit gewissem Stolz...

Auch aus meinem Onkel Jupp (Rheinisch für Josef) ist etwas geworden, nämlich ein erfolgreicher Bäckermeister, der später auch noch eine Konditorei und ein Café gründete. Meine Großmutter Katharina verprügelte ihn manchmal mit der Peitsche und sperrte ihn in den dunklen Keller, um ihm Manieren beizubringen. Sie tat dies, weil sie glaubte es zu müssen! Und dann saß sie vor der verschlossenen Kellertür und weinte aus Mitleid mit ihrem Sohn. Katharina war Volksschullehrerin gewesen. Auf dem Fräulein-Seminar war ihr das Schlagen als pädagogische Pflicht beigebracht worden. Sie selbst hatte die Härte im Bewusstsein ihrer eigenen Mutter auf andere Weise erfahren: Meine Urgroßmutter Gertrud verlor ihren Mann in ihren Dreißigern; er ertrank im Rhein, als sie mit dem sechsten Kind schwanger war. Gertrud führte sein Malergeschäft mit mehreren Angestellten fort und zog ihre Kinder allein groß. Meiner Großmutter bezahlte sie das Lehrerinnenseminar. Als Katharina „diesen Müller", meinen Großvater, heiratete, warf sie ihr Undankbarkeit vor. Damals war es ja noch üblich, dass eine Lehrerin sofort nach ihrer Eheschließung zu arbeiten aufhörte. „Du bist schuld daran, dass ich ständig Kopfschmerzen habe", warf Gertrud ihrer Tochter vor. Und als meine Mutter geboren wurde, drohte sie ihr: „Wenn du das Kind nicht Gertrud nennst, dann werde ich nicht Patin." Meine Mutter sagt, ihre Oma sei eine herzensgute Frau gewesen, und das zweifele ich gar nicht an. Diese Menschen liebten ihre Kinder, oh ja! Aber das alte Massenbewusstsein prägte die meisten von ihnen bis ins Mark.[12]

Nun ist es zehn Uhr morgens, ich war noch für eine Stunde zurück ins warme Bett gegangen und möchte jetzt meine Erzählung fortsetzen. Ich komme zu meiner eigenen Kindheit, zu den Erfahrun-

---

12 Es gab auch Ausnahmen... Der Theologe Dietrich Bonhoeffer (geboren 1906) berichtete von seiner eigenen Mutter, dass sie zu sagen pflegte: „In Deutschland wird den Kindern das Rückgrat gleich zweimal gebrochen: zuerst in der Schule, und dann beim Militär." Dietrichs Mutter war ebenfalls Lehrerin, und sie zog aus ihrer Erkenntnis die Konsequenz, ihre Kinder in den ersten Jahren selbst zu unterrichten. Anscheinend gab es damals noch keine allgemeine Schulpflicht...

gen des strafenden Gottes in der Gestalt meines Vaters Peter. Und da ist meine Wahrnehmung eine etwas andere: Peter strafte nicht in erster Linie aus pädagogischen Erwägungen, er strafte meist im Affekt. Ich spüre da nachträglich Ohnmacht, hilflose Wut, wenn ich mich nicht betrug, so wie er es wollte. Ich spüre ganz stark sein eigenes, weinendes inneres Kind, das nicht wusste, wie es mit dem äußeren Töchterchen umgehen sollte.

Auf mein erstes Trotzen und seine Reaktion darauf habe ich ja schon mehrmals verwiesen. Ich wurde danach ein ziemlich braves Kind, allerdings mit gelegentlichen kleinen Ausnahmen. Im Alter von ungefähr acht Jahren stellte ich mich vor eine meiner Schwestern, die mein Vater aus meiner Sicht ungerecht behandelte, und fing mir eine Ohrfeige ein. Als ich zehn Jahre alt war, verliebte ich mich in den Sohn unserer Nachbarn, Wolfram. Er war auf den Tag genau zwei Jahre älter als ich und ich stellte mir vor, ihn später einmal zu heiraten. Vorläufig aber konnte ich „als Mädchen" meine Gefühle natürlich nicht zeigen und ich drückte sie dann eines Tages einmal in der Weise aus, dass ich den Jungen stundenlang neckte. Was ich genau getan habe, habe ich vergessen, aber Wolfram war wütend auf mich und beklagte sich bei seinen Eltern, die wiederum bei den meinen Protest einlegten. Was soll ich sagen... ich bezog eine Tracht Prügel auf den Po...

Ich war dann ein wirklich-wirklich angepasster Teenager. Das Pubertieren gegen meine Eltern habe ich einfach ausgelassen, und mir war nicht einmal klar, dass das Leben diese Phase eigentlich für den Beginn der Abnabelung vom Elternhaus vorsieht. Mit 23 Jahren aber, als junge Studentin fürs Lehramt am Gymnasium, pubertierte ich endlich – jedoch gegen Vater Staat: Ich schloss mich einer kommunistisch-maoistischen Gruppe an und nahm an etlichen Demonstrationen und Aktionen teil. Der Rechtsstaat verteidigte daraufhin die freiheitlich-demokratische Grundordnung, indem er mich nicht zum Schuldienst zuließ. Was ich nicht merkte: Ich tauschte nur die Götter aus! Denn die Gruppe, die sich KPD nannte, war stockautoritär... Ich betete ihre Parolen nach, so wie ich als junges Mädchen die katholische Ideologie meiner Eltern fraglos übernommen hatte. Mein inneres Kind aber weinte, fühlte sich einsam und verlassen und wurde dafür durch meinen Verstand geprügelt... Es war lästig und hinderlich – es hinderte mich am Funktionieren... Natürlich wusste ich überhaupt nicht, dass dieses weiche, depressive, verwundete Wesen, das ich in mir spürte, mein inneres Kind war. Mein Verstand hätte es gerne komplett ausgeschaltet, aber das gelang ihm nicht. Im Jahre 1982 begann mein Erwachens-Prozess, und er verlief sehr heftig – kein Wunder, nach so viel Selbst-Unterdrückung!

Wenn ich nun in mich hinein spüre, ist da sehr, sehr viel Trauer. Trauer um mich selbst, und auch Trauer um die inneren Kinder aller Beteiligten, um die inneren Kinder aller Menschen! Ich bitte daher jetzt Erzengel Chamuel, uns die versprochene liebevolle und tröstende Botschaft zu übermitteln, die das nächste Kapitel füllen soll!

Eine Botschaft von Erzengel Chamuel

Erzengel Chamuel:
Sei mir gegrüßt, geliebtes Menschenkind, lieber Engel in Menschengestalt! Hat dich der Bericht von Ines in den beiden vorstehenden Kapiteln auch traurig gemacht? Hat er dich deine eigenen inneren Kinder, Teenager und jungen Menschen schmerzlich spüren lassen? Gut so! Denn diese Trauer, das Spüren dieses Schmerzes, sind deine Brücke zur inneren Erlösung! Warum das so ist? Um zur Heilung im Inneren Seelenraum zu gelangen, ist es Not-wendig, dass du zunächst einmal Dich Selbst spürst, dass du deinen eigenen Emotionen erlaubst, da zu sein, sich zu zeigen. Es ist Not-wendig, dass du sie wahrnimmst und annimmst! Es sind die Schmerzen, die Trauer, die Wut, die Scham und die Angst, es sind die Minderwertigkeitsgefühle deiner eigenen Seelenanteile, mit anderen Worten, deiner inneren Kinder und auch deiner vergangenen Inkarnationen. Ihre Gefühle hattest du – über viele Leben hinweg im Falle deiner Verkörperungen, und ein Leben lang bisher in dieser heutigen Inkarnation – weggeschoben und verdrängt, weil sie so stark und so herausfordernd waren, dass du ihnen lieber nicht begegnen wolltest.

Nun sagte eine wirklich weise spirituelle Lehrerin einmal, dass derjenige frei ist, der sich vor keinem Gefühl mehr fürchtet. Ich weiß, dass Ines diese Worte in diesem Rahmen schon einmal zitiert hat, aber ich wiederhole sie gerne, denn sie sind so sehr wahr. Dich auf deine Emotionen einzulassen, bedeutet, deine Seelenanteile zu spüren und anzunehmen, das ist das ganze Geheimnis! Wenn du deinen Seelenanteile erlaubst, sich zu zeigen, dann können sie in die Verbindung zu Dir und zu Deiner Seele treten, dann können sie Erlösung und Heilung finden. Es ist ja so, dass deine Gefühle letztendlich nicht Du sind: Du bist in deiner Essenz ein Göttliches Wesen, das in der Freude IST. Deine Gefühle sind der Ausdruck deiner Seelenanteile – nicht mehr, aber auch nicht weniger, denn deine Seelenanteile wurden einst abgespalten von Deiner Göttlichen Einheit. Sie gehören zu Dir, und sie streben zurück in die Einheit, zurück in deine Seele. Deine Schmerzen, deine Scham, deine Wut, deine Angst möchten sich in Frieden und in Freude verwandeln. Kannst du das sehen?

Ich, Erzengel Chamuel, Bin der Engel der Liebe. Ich möchte dir, geliebtes Menschenkind, heute, genau in diesem Augenblick, da du dieses liest, ein Tor öffnen: Es ist ein Sternentor in die Höheren Welten hinein, und es ist zugleich ein Inneres Tor in die geheiligten Räume deiner eigenen Seele hinein! Kannst du mein Geschenk, das Geschenk der Engel und der gesamten Geistigen Welt, Jetzt annehmen? Spüre in dich hinein, ich bitte dich ganz herzlich darum, und erfahre deine innere Antwort! Lautet sie: „Nein, jetzt noch nicht?" Dann wisse, dass dies von Anteilen kommt, die Angst haben. Wir kommen gleich auf sie zurück. Lautet die Antwort aber „Ja!", dann schließe deine Augen und spüre – Jetzt!

Hast du Dein Tor gesehen? Oder, falls dein Drittes Auge noch verschlossen sein sollte, hast du es gespürt, gewusst? Hat dir vielleicht eine liebevolle innere Stimme beschrieben, wie es aussieht? Ines erzählt mir gerade, dass sie ihr eigenes Tor vorhin schon in der Meditation wahrgenommen hat, allerdings wusste sie dabei noch nicht, dass es sich auch um ein Sternentor handelt. Ich möchte dir verraten, dass jedes Tor anders aussieht – jeder Menschenengel hat sein ganz individuelles Tor! Ines' Tor, weit offen, ist von perlmuttfarbenen Rosen ohne Dornen umkränzt, wie ich gerade durch sie erfuhr. Erlöste Seelenanteile tanzen nun ohne Unterlass durch es hindurch, in höhere Dimensionen hinein und in das SeelenLand in ihrem Inneren.

Ich möchte dir gleich etwas über dieses SeelenLand in deinem Inneren erzählen – deine neue und wahre Heimat, die ein Abbild ist deiner Heimat in den höheren Lichtwelten. Zuvor komme ich aber noch einmal zu den angstvollen Anteilen, die dich vielleicht haben sagen lassen: „Nein, ich bin noch nicht bereit." Liebes, das ist vollkommen in seiner göttlichen Ordnung so! Wisse, dass diese Anteile an einen strafenden Gott glauben, an strafende Autoritäten, die das Innen und das Außen beherrschen, und dass sie die Seele ebenfalls als eine solche Autorität ansehen. Es wäre nicht angemessen, diese Seelenanteile, die zutiefst traumatisiert sind, zu verurteilen oder zu etwas zwingen zu wollen, das ihnen Jetzt nicht gemäß ist. Was kannst du tun? Ich sagte es schon zu Beginn: Du kannst sie wahrnehmen und in Liebe annehmen. Du kannst sie auf diesem Wege Schritt für Schritt an deine höhere Seite heranführen. Du holst sie genau dort ab, wo sie jetzt gerade stehen, du respektierst ihre Emotionen, du erlaubst dir selbst, sie zu fühlen. Dabei bleibst du dir aber im Klaren, dass Du, das Wesen, das du Wirklich Bist, letztendlich nicht diese Emotionen bist.

Eine schwierige Übung, meinst du? Nun, wenn du diesen Gefühlen einfach erlaubst, da zu sein und ins Fließen zu kommen, dann ist es gar nicht so schwierig, in die Position dieses neutralen, göttlichen Beobachters hinein zu gehen. Probiere es nicht nur ein einziges Mal aus, sondern immer wieder. Es kommt der Tag, wo du es kannst! Und dann stelle dir die Frage erneut, ob du bereit für SeelenLand bist. Als Antwort wird ein klares Ja kommen, da bin ich sicher.

Was also ist dieses geheimnisvolle SeelenLand? Und warum steht auf der Eintrittskarte: „Ich liebe Mich Selbst"?

Der Neue SeelenRaum In Dir Selbst, der zugleich zutiefst mit allen höheren Dimensionen verbunden ist, ist ein Raum ohne Grenzen und Begrenzungen. Es ist ein Raum der grenzenlosen Freiheit, in dem Alles möglich ist. Zugleich ist dieser Raum nicht nur mit den feinstofflichen und geistigen höheren Ebenen verbunden, sondern auch mit deiner physisch manifestierten Außenwelt. „Wie Drinnen, so Draußen" – erinnerst du dich an den alten Lehrsatz? Er gilt immer noch, aber wir können und dürfen ihn noch erweitern: Drinnen IST Draußen. Ja! Kannst du erahnen, was das bedeutet? Ich sage es dir: Je weiter du dich in das innere SeelenLand hinein wagst, desto höher steigst du in die feinstofflichen und geistigen Ebenen hinauf, desto stärker und nachhaltiger erhöht sich deine Eigenschwingung. Und das hat zur unmittelbaren Folge, dass deine Ausstrahlung in die materielle Welt hinein immer penetranter, also durchdringender, wird. Dein Licht leuchtet immer stärker, und es zieht alles magisch an, was zu Dir gehört! Alles, was wirklichwirklich zu Dir gehört, und das ist Alles, was Dir und deiner „Bestimmung" dient! Den von euch Menschenengeln geprägten Ausdruck „Bestimmung" finden wir hier in der Geistigen Welt nicht so sehr treffend, darum habe ich ihn in Anführungszeichen gesetzt. Niemand bestimmt über dich außer Du Selbst! Unter „Bestimmung" verstehen wir hier vielmehr das individuelle Geschenk, die individuellen Geschenke, die du immer wieder mitgebracht hast und auf die so viele warten, die noch im alten Massenbewusstsein ihre persönlichen Albträume träumen. Wenn du immer wieder und immer mehr im Inneren SeelenLand deine Heimat findest, dann verwandelt sich deine äußere Umgebung immer schneller und immer wirkungsvoller mit Dir.

Wie kannst du SeelenLand gestalten? Deiner Fantasie sind keine Grenzen gesetzt!

Erträume dir und erschaffe dadurch die schönsten inneren Welten, die du dir nur vorstellen kannst! In deinem Inneren Reich, wo deine Seele dir Vater und Mutter ist ohne Wenn und Aber, ist alles auf der Stelle da, was du dir ersinnst. Und je bunter und vielfältiger und wunderbarer deine neue innere Heimat von dir ausgestaltet wird, desto schneller und erstaunlicher manifestieren sich deine heimlichsten und kühnsten Träume auch im sogenannten Draußen. Das Draußen wird zum Drinnen, und das Drinnen wird zum Draußen, zunächst noch unmerklich, dann aber immer machtvoller und unausweichlicher.

Kannst du erahnen, welche Folgen dies für die menschliche Gesellschaft und für das kollektive Bewusstsein des Wesens Menschheit hat, wenn immer mehr göttliche Individuen sich in einer solchen

Weise als Schöpfergötter und Schöpfergöttinnen betätigen? Es ist beinahe unausdenkbar, und es ist der einfachste Königs- und Königinnen-Weg für euch alle!

Ja... und warum steht auf dem Ticket zu diesem SeelenLand das Wörtchen Selbstliebe? Nun, du magst es schon selbst sagen:

Nur die bedingungslose Liebe zu Dir Selbst, so wie du Jetzt gerade BIST, ermöglicht es dir, in einer Weise zu wünschen, die Berge versetzt! Solche Selbstliebe schließt die Liebe zu deiner Seele ebenso mit ein wie die Liebe zu deinen noch im Leiden verharrenden abgespaltenen Anteilen aus deiner Kindheit oder aus vergangenen Leben. Die Liebe zu deinem tapferen Körper ist selbstverständlich ebenso mit eingeschlossen – ich möchte diesem speziellen Thema noch ein eigenes Kapitel widmen. Für dieses Mal aber möchte ich an dieser Stelle schließen – vielleicht gestaltet Ines im weiteren Verlauf noch ein paar Seiten zum Thema SeelenLand.

In tiefer Liebe
dein Erzengel Chamuel

SeelenLand

Heute, am 09. Februar 2016 – einen Tag vor meinem 67. Geburtstag – spüre ich ein starkes Bedürfnis, jetzt schon einiges über SeelenLand auszusagen. Ich möchte ich mein lieber Menschenengel, meine derzeitigen Wahrnehmungen mitteilen:

Der Zugang zu unserem Neuen Inneren Paradies, das ich SeelenLand nenne, scheint uns zunächst durch ein großes, verschlossenes Tor versperrt zu sein. Das habe ich bei mir selbst und auch bei einer Freundin wahrgenommen. Jedoch... täusche dich nicht:

Der Schlüssel zu diesem Tor ist in deinem eigenen Besitz – immer!

Warum? Du allein bist der Herrscher und die Herrscherin in deinem Inneren Königreich! Und wenn dieses Tor zunächst verschlossen ist, so nur darum, weil Du Selbst dir bisher den Zugang zu SeelenLand verwehrt hast. Vielleicht allerdings steht das Tor bei Dir schon längst offen – nämlich dann, wenn du dich schon seit einer Weile liebevoll um deine inneren Kinder und anderen Seelenanteile gekümmert und sie heim zu deiner Seele geleitet hast. Ich schlage dir vor, dass du gleich Jetzt – oder zu einem günstigen späteren Zeitpunkt – einmal nachschaust, wie es bei dir selbst, in deinem innersten Herzensraum, aussieht. Denn genau dort ist der Zugang zu SeelenLand zu finden...

Solltest du nun erkennen und vielleicht auch sehen, dass dein Eingangstor schon weit geöffnet ist, dann kannst du durchaus mit deinem Bewusstsein in dein Neues Land eintreten und dich dort umschauen. Du kannst auch unter dem Torbogen stehen bleiben und mit den Wesen kommunizieren, die du wahrnimmst. Ich komme gleich noch auf die BewohnerInnen von SeelenLand zurück.

Findest du aber, dass dein Tor noch verschlossen ist, dann brauchst du nur – sobald du dich dazu bereit fühlst – den großen Goldenen

Schlüssel aus dem Versteck hervorzuzaubern, in dem du ihn vor dir selbst verborgen hast. Wie machst du das? Du brauchst es nur zu denken, oder laut auszusprechen: „Ich bin Jetzt bereit, das Tor zu SeelenLand zu öffnen." Auf der Stelle wirst du den Schlüssel in deiner Hand halten und kannst aufschließen. Und dann? Trau dich! Vielleicht magst du das Tor zunächst einmal nur einen Spalt breit öffnen und vorsichtig hindurch schauen? Ich verstehe sehr gut, dass du sehr aufgeregt bist und auch etwas Angst hast vor deinem eigenen Mut...

Was wirst du sehen? Das kann ich nicht genau vorhersagen – es hängt so sehr mit Dir Selbst und deinen bisherigen Erfahrungen zusammen. Möglicherweise nimmst du ein blendendes Licht wahr. Es ist das Göttliche Licht, das Licht deiner eigenen Seele. Bei meiner Freundin und mir allerdings war es anders: Wir sahen beide zunächst einmal... überhaupt nichts! Bei mir war es ein dichter Nebel, der alles verhüllte, was da vielleicht war, oder auch nicht war, bei meiner Freundin war es Dunkelheit, einfach Gar Nichts. Wir wussten aber beide: Diese Dunkelheit, dieses Nichts, zeigte den Göttlichen Zustand vor der Schöpfung! Alsbald begannen bei meiner Freundin aus diesem Nichts die Quantenteilchen und -wellen in mannigfachen Farben aufzublitzen und wieder zu verschwinden, und erneut aufzublitzen, und erneut zu verschwinden... Die Schöpfung war schon in Gang gekommen, einfach dadurch, dass die Schöpfergöttin das Nichts wahrgenommen hatte...

Und auch wie es bei mir selbst weiterging, erzähle ich dir gerne: Als ich das nächste Mal wieder in SeelenLand vorbeischaute, hatte sich der undurchdringliche Nebel gelichtet, und ich konnte eine Landschaft erkennen: eine unendlich weite Ebene, bedeckt mit einer wundervollen Blumenwiese, und ganz, ganz fern am Horizont hohe Berge. SeelenLand ist grenzenlos, wie Erzengel Chamuel auch schon feststellte, und hinter diesen Bergen liegt vielleicht ein Meer, und dahinter ein riesiger, unerforschter Kontinent – es gibt noch so sehr Vieles zu entdecken...

Inzwischen ist mein SeelenLand schon bevölkert, nämlich von meinen eigenen Inneren Kindern und anderen Seelenanteilen – aus der gegenwärtigen Inkarnation, und auch aus zahlreichen vergangenen Verkörperungen meiner Seele. Und da ich immer wieder sowohl als Mann, als auch als Frau gekommen bin, tummeln sich dort unzählige männliche und weibliche Wesen, die sich alle untereinander lieben... Denn bevor ein Seelenanteil nicht zur Selbstliebe gefunden hat, wagt er es nicht, das Tor zu SeelenLand zu durchschreiten. In diesem Augenblick, wo ich an meinem Laptop sitze und dies schreibe, feiern sie gerade alle miteinander eine riesengroße Party. Gibt es einen Grund, warum sie feiern? Nein, nicht wirklich! Nicht nach der Logik meines Verstandes, der jetzt neben mir steht und als Kommentar nur „ts-ts-ts" sagen kann... Der einzige Grund aber, warum die Bewohnerinnen und Bewohner von SeelenLand feiern ist die Freude in ihren Herzen, und die ist in diesem Neuen Paradies allgegenwärtig.

Warum diese Freude? Lieber Verstand, da kommst du nicht mehr mit; geh doch einfach einmal in Urlaub und erhole dich vom vielen Denken! Die Freude kommt daher, dass meine Seele hier allgegenwärtig ist, und das bedeutet, dass GOTT immer und unmittelbar spürbar ist. Hier ist eine unendlich liebevolle Mutter, hier ist ein unendlich liebevoller Vater ständig präsent! Aus dem Nichts entsteht Jetzt ein Abenteuerspielplatz für die Kinder und die Jugendlichen, mit Kletterbäumen und Baumhäusern und mit Pferden und Einhörnern zum Reiten und mit Drachen, die anstelle von Feuer die schönsten Blüten speien...

Wie bitte? Einhörner und Drachen? Aber selbstverständlich! In SeelenLand ist Alles auf der Stelle real, was Ich wähle mir auszudenken. Und selbstverständlich klettern und reiten hier nicht nur die jungen Wesen, sondern auch die Asbach-uralten. Denn selbstverständlich ist hier im Neuen Land niemand mehr gebrechlich oder krank oder ängstlich...

Lieber Menschenengel, dies als eine kleine Momentaufnahme von meinem SeelenLand. Wie sieht es denn bei Dir aus? Liegt vielleicht ein Piratenschiff bei in deinem Hafen? Bei mir schon, das weiß ich – es ist ein schnittiger Segler, der gleich auf eine Kaperfahrt der besonderen Art gehen wird. Natürlich wird dabei garantiert niemand beraubt oder gar getötet. Dieser Piratensegler hat auch keinen Totenkopf mit zwei gekreuzten Knochen in seiner Flagge, oh nein! Seine Fahne ist geschmückt mit einer Sonne und einem Regenbogen. Und wohin geht die Fahrt? Sie geht in die höheren Dimensionen hinein, denn SeelenLand ist nicht nur in alle Himmelsrichtungen hinein grenzenlos und offen, sondern auch nach Oben. Und wie sieht es mit dem Unten aus? Mit der Unterwelt der alten Kulturen? Das kann ich momentan noch nicht sehen... Mein Piratensegler jedenfalls wird nun alle meine Erfahrungs-Schätze einsammeln, die ich jemals erworben und vor mir selbst verborgen habe. Tja... dann muss er doch irgendwann quasi zwangsläufig auch in die Unterwelten hinein? Oder hätte ich dort keinerlei Erfahrungen gemacht? Doch, das habe ich auf jeden Fall! Na, lassen wir es offen, was mein Schiff noch alles an Abenteuern bestehen wird. Fest steht jedenfalls, dass die Besatzung aus den mutigsten und entschlossensten Männern und Frauen besteht, die jemals auf Kaperfahrt ausgezogen sind. Ja, ja, ja, auch Frauen. Bei mir gibt es nämlich unbedingt eine Frauenquote von ganz genau 50 %.

Nun, mein lieber Menschenengel, hast du Lust auf Dein eigenes SeelenLand bekommen? Und ahnst du, dass solche „lächerlichen Fantasien" (wie mein Verstand behauptet) ungeahnte Auswirkungen auf dein äußeres Leben haben werden? Ich jedenfalls schlage dir vor, dass du deine weinenden Inneren Kinder und andere schmerzerfüllten Seelenanteile in Zukunft immer häufiger liebevoll umarmst und sie nach SeelenLand geleitest. Es lohnt sich!

Ja, übrigens, bis vor Kurzem hatte ich mir unter der Integration abgespaltener Seelenanteile etwas ganz anderes vorgestellt, nämlich dass diese von der Seele sozusagen einverleibt würden und damit im großen Ganzen verschwänden. Ganz offenbar ist das Gegenteil der Fall: Die Seelenanteile bleiben als eigenständige Energien mit einem individuellen Eigenleben in SeelenLand erhalten. Was für eine Entdeckung! Und was für eine gute Nachricht für alle unsere Anteile, die noch solche Angst vor dieser Integration haben – Todesangst sozusagen...

Ob die inneren Kinder in SeelenLand auf ewig klein bleiben? Wenn es nach Pippi Langstrumpf ginge, sicherlich! Aber das ist in Wahrheit ihre eigene Wahl, so wie ich es momentan sehe. Erwachsen sein in SeelenLand ist ja etwas ganz anderes als in der alten, äußeren Welt des Dreidimensionalen Bewusstseins. Vielleicht möchten in meinem SeelenLand so nach und nach alle Kinder in einem neuen Sinne erwachsen, nämlich weise werden? Aber vielleicht behalten sie dabei dennoch ihre kindliche Gestalt, wenn es ihnen gefällt? Oder – sie wandeln ihre Gestalt nach Belieben in alt, mittelalt, jung... In SeelenLand ist Alles möglich! Und, lieber Menschenengel, nicht nur im inneren SeelenLand. Es ist immer und überall schon immer Alles möglich gewesen, was wir für möglich angesehen haben. Diese unumstößliche Tatsache hatten wir ja nur ein wenig vergessen, als wir uns ins Trennungsbewusstsein begaben...

Erzengel Chamuel: Liebe deinen Körper!

Heute Abend, am 11. Februar 2016, befolge ich diese Aufforderung erst einmal in der Form, dass ich mit dem Channeling noch nicht beginne. Wenn ich nämlich in meinen Körper hinein spüre, dann stelle ich fest, dass er müde ist und nicht mehr wirklich aufnahmefähig. Ich brauche aber meinen ganzen Körper, um eine Botschaft aufzunehmen: Er ist ja so etwas wie das Gefäß, das dann die Energien aus der Geistigen Welt kanalisiert. Den größten Teil meines Lebens lang habe ich – so wie alle Menschen im alten Bewusstsein – meinen Körper rücksichtslos ausgebeutet. Er war nicht nur Diener, er war Sklave und hatte gefälligst zu funktionieren, wie mein Verstand es befahl. Wenn er Signale von Übermüdung oder Krankheit sendete, zwang ich ihn einfach weiter und weiter... Das tue ich Jetzt nicht mehr, und darum höre ich in diesem Augenblick auch auf zu schreiben.

Erzengel Chamuel:
In deiner Erdenwelt, liebe Ines, sind nun 24 Stunden vergangen, und heute möchtest du noch ein wenig schreiben. Fangen wir also einmal an – dein Körper wird dir signalisieren, wann es genug ist für dieses Mal.

Ihr lieben Menschen, eure Körper... und eure Beziehung zu ihnen... das ist schon ein Kapitel für sich, und ist Mir ein eigenes Kapitel wert. Einerseits – zumindest, solange ihr im alten Un-Bewusstsein lebt – identifiziert ihr euch mit ihm. Tut der Kopf weh, sagt ihr: „Ich habe Kopfschmerzen." Ist euer Körper im Ungleichgewicht und zeigt diese oder jene Symptome, sagt ihr: „Ich bin krank." Andererseits aber behandelt euer tyrannischer Verstand, mit dem ihr euch ebenfalls identifiziert, euren Körper wie einen Sklaven, das hat Ines gestern schon sehr zutreffend so formuliert. Wie aber sehen denn die Tatsachen aus? Was ihr in Wirklichkeit seid, das ist nicht euer Körper, und das ist auch nicht euer Verstand. Was ihr wirklich seid, nämlich ein Geistiges Wesen, das eine menschliche Erfahrung macht, das kann euer Verstand mit seinen Mitteln nicht verstehen. Er ist ein nicht mehr und nicht weniger als ein Teil von euch, und, Pardon, nicht unbedingt der intelligenteste, wo es um spirituelle Erfahrung geht... Auch euer Körper ist ein Teil von euch, nämlich derjenige, der am meisten verdichtet und materialisiert ist. In der heutigen Zeit bringt er aber ein – für euch – schier unglaubliches Potenzial mit, nämlich die Möglichkeit, Krankheit, Tod und Zerfall hinter sich zu lassen und zusammen mit eurem Energiekörper in den Aufstieg zu gehen. Ines hat mit Jesus Christus und den Bäumen der Erde schon ein Buch zu diesem Thema veröffentlicht. Aber natürlich gibt es dazu noch einiges mehr zu sagen, als im Rahmen von „Der physische Aufstieg des Menschen" mitgeteilt wurde. Mir fällt die Ehre zu, euch ein paar Fakten genauer zu erklären.

Wie also könnt ihr euch diesen „physischen Aufstieg" vorstellen? Nun, er sieht nicht in der Weise aus, dass ihr in der jetzt noch existenten materiellen Dichte einfach immer älter und älter und älter werdet! Nein... euer physischer Körper wandelt sich um und wird immer weniger dicht und immer feinstofflicher. Tendenziell wird er zunehmend EINS mit eurem Energiekörper. Was aber ist euer Energiekörper? Er ist das, was die alten Ägypter das KA nannten. Die Seele aber, euer Göttliches Selbst, wurde von ihnen als das BA bezeichnet.[13] Der Aufstieg des Körpers führt in ein Stadium hinein, in welchem die Materie sich vollkommen in feinstoffliche Energie umgewandelt hat, und zugleich ist dieses neue KA gänzlich durchdrungen vom BA, also von der Seele. Die Seele steigt hinab in den Energiekörper, und der physische Körper erhöht seine Schwingung und steigt in ihn hinein auf.

---

13 Anmerkung von Ines: Ich stelle fest, dass Drunvalo Melchizedek in der „Blume des Lebens" (Band 2, S. 313) etwas anderes mitteilt, nämlich „Ka" bedeute „Geist" und „Ba" bedeute „Körper". Erzengel Chamuel bittet mich aber zu vertrauen und die Dinge so aufzuschreiben, wie ER sie mir sagt.

Und wie könnt ihr diese geheimnisvolle Umwandlung eures physischen Körpers, diese wahre Alchimie, bewerkstelligen? Es ist nur möglich auf dem Wege über die alchimistische Wandlung eures Bewusstseins! Und was ich damit meine, das ist ganz einfach die Umwandlung des Trennungsbewusstseins in Selbstliebe. Einfach... nun ja... Ich weiß, Wir in der Geistigen Welt wissen, wie unsagbar schwer sich die meisten von euch damit tun. Am allerschwersten fällt es euch dabei, euch mit dem Aussehen eures physischen Körpers auszusöhnen.

So, und nun signalisiert uns der Körper von Ines, dass für heute Schluss sein soll. Ich, Erzengel Chamuel, vertage meine weiteren Mitteilungen also auf die nächste Gelegenheit.

... und die nächste Gelegenheit ist Jetzt, am Sonntagnachmittag, dem 21. Februar 2016. Ich, Erzengel Chamuel, möchte also fortfahren, und zwar zu sprechen über eure Schwierigkeiten mit dem Aussehen eures physischen Körpers. Vielleicht, lieber Menschenengel, denkst du, dass dieses Thema doch nicht so besonders wichtig sei, wenn es um den Aufstieg geht. Aber weit gefehlt – es ist sogar von ganz entscheidender Bedeutung! Warum? Ein ungeliebter Körper bleibt in der materiellen Dichte hängen! Jesus Christus und die Bäume haben dies in dem erwähnten Buch mit Ines auch schon angedeutet. ICH möchte es jetzt näher erläutern:

Euer Körper hat Bewusstsein. Euer Körper IST Bewusstsein. Eure Zellen sind in der heutigen Zeit hellwach, und sie hören eure Gedanken und spüren eure Emotionen. Wenn du morgens auf die Waage steigst und dich über dein Gewicht ärgerst, dann fühlt dein Körper sich abgelehnt und ungeliebt. Wenn du deine Nase zu groß oder zu klein findest oder die Falten in deinem Gesicht weg haben willst oder dein Doppelkinn, dann fühlt dein Körper sich abgelehnt und ungeliebt. Wenn dir deine Haare zu kraus oder zu glatt oder dein Po zu dick ist, dann fühlt dein Körper sich abgelehnt und ungeliebt. Und so weiter, und so fort... Es gibt ja genügend körperliche Themen, an denen du dich aufhängen kannst, um „dich" nicht zu mögen... Wenn du „dich" aber von dir selbst ungeliebt fühlst, dann wird dir dein Herz schwer und die Folge ist, dass „du", also dein Körper, dich nicht erheben kannst um zu fliegen...

Und ich weise dich auf eine wichtige Tatsache hin: Solange du das Aussehen deines Körpers bemängelst und ablehnst, so lange identifizierst du dich mit ihm! Diese Identifikation aber hindert dich daran, Dich Selbst in deiner wahren Größe zu erkennen und zu lieben.

Tja... Da ist nun guter Rat teuer, wie euer altes Sprichwort sagt. Stimmt aber nicht, denn Mein Rat kostet überhaupt nichts. „Wie lautet er denn?", höre ich dich jetzt ganz gespannt rufen. Ich schlage dir drei Schritte vor:

1. Gehe in dich. Was ich damit meine? Besuche dein liebendes Herz! Ja, es IST in seiner Ur-Essenz Liebe – gehe in die Stille und spüre es.

2. Singe für deinen Körper. Ja, singe, auch wenn du meinst, nicht singen zu können. Jede und jeder kann es, denn alle Wesen sind Energie, Schwingung, und damit Musik. Ines wird dir im Anschluss ein kleines Lied aufschreiben, das sie von ihrer eigenen Seele und von Maria Magdalena erhalten hat. Die Melodie dazu kann sie dir im Rahmen dieses Buches nicht übermitteln, aber Du darfst dir deine eigene Melodie erfinden. Oh ja, und das kannst du!

3. Schau deinen Körper mit den Augen deines Herzens an und sage ihm, dass du ihn liebst. Wenn du deinen Körper durch die Augen des Herzens betrachtest, dann wirst du begreifen: Er sieht genau so aus, wie Du ihn dir erschaffen hast und wie Du ihn gewollt hast und immer noch willst.

Wenn du in dieser Weise verfährst, dann wird dein Körper sich zunehmend geliebt fühlen und somit die Voraussetzungen dafür erhalten, immer leichter, immer lichter zu werden.

Ich möchte zum Abschluss meines Themas noch auf die Frage eingehen, was das Trennungsbewusstsein und die Identifikation mit deinem (zugleich ungeliebten) Körper miteinander zu tun haben. Es verhält sich folgendermaßen: Sobald du dich mit deinem physischen Körper identifizierst, hast du vergessen, Wer du in Wahrheit BIST! Du hast vergessen, dass du ein mit GOTT und dadurch mit Allem verbundenes Geistiges Wesen bist. Wenn du dich mit deinem physischen Körper identifizierst, verlangst du zugleich von ihm, dass er perfekt funktionieren und aussehen solle. Perfektes Aussehen aber definierst du in diesem deinem alten Bewusstsein über das zu deiner Zeit gängige gesellschaftliche Schönheits-Ideal... Diese Vorstellung von Schönheit aber ist ihrerseits ein Symptom des Trennungsbewusstseins, denn sie ignoriert die Tatsache, dass ein jedes Wesen in seinem Sosein ein vollkommener (nicht: perfekter) Ausdruck des Schöpfers ist.

Lieber Menschenengel, und damit schließe ich für heute und bitte Ines, dir das angekündigte kleine Lied aufzuschreiben.

In tiefer Liebe und Zuneigung
dein Erzengel Chamuel

Und hier schreibt wieder Ines. Danke dir tausend Mal, lieber Erzengel Chamuel! Mein Liedchen hat den folgenden Text:

Die Liebe deines Herzens lebt
tief drinnen in dir versteckt.
Die Liebe deines Herzens wirkt,
hast du sie erst einmal entdeckt!

Folge deinem Herz, ganz ohne Schmerz,
und spüre seinen Mut!
Wenn du stets deinem Herzen folgst,
dann geht es dir fortwährend gut!

Singe dich frei

Die Anregung von Erzengel Chamuel, mein kleines Lied hier einzubringen, inspiriert mich zu einem neuen Kapitel: Ich möchte über das Singen schreiben und herausfinden, was es mit der Schwingung der Selbstliebe zu tun hat. Jetzt meldet sich hierzu meine eigene Seele und möchte uns Wichtiges übermitteln:

Die Seele Ines:
Ihr Lieben, Ich Bin Ines, ein Geistiges Wesen, das eine menschliche Erfahrung durchläuft. Ja, Ich Bin dieser Mensch hier, denn Ich, diese Seele, habe mich hier inkarniert, um eine menschliche Erfahrung zu durchlaufen. Ich bin in diesen Wochen – und besonders am heutigen geschenkten Tag, dem 29. Februar 2016 – dabei, immer tiefer in die Materie, in Meinen physischen Körper, hinabzusteigen um ihn zu transformieren. Und ja, in diesem Prozess ist das Singen ein so sehr, sehr wichtiger Bestandteil!

Vor einiger Zeit habe ich einmal Ines, dem kleinen Menschenich Ines, mitgeteilt, dass ich ein Wesen aus Musik bin. Sie war ein wenig erschrocken, denn sie meinte, sie selbst sei doch nicht so besonders musikalisch. Was habe ich aber wohl damit gemeint? Nun, Alles ist Schwingung! Das gesamte Omniversum ist Schwingung, alle Wesenheiten sind Schwingung, alle unsere Ausdrucksformen sind Schwingung. Und was ist Schwingung anderes als eben Musik? Ja: Alles-Was-Ist ist Musik. Und also Bin auch Ich Musik, und das darfst du durchaus wörtlich nehmen, mein lieber Menschenengel, der oder die du dieses jetzt gerade liest. Wir Alle verströmen Musik einzig schon durch unser SEIN, und wenn du hören könntest, wirklich hören, dann würdest du meine Musik vernehmen! Ines übrigens kann meine Musik vernehmen, und zwar durch die Vermittlung eines wundervollen Komponisten und Musikmediums, Otto Lichtner[14]. Von ihm hat sie kürzlich ihre ganz persönliche „Le-

---

14 www.lebensmusik.net

bensmusik" erhalten, ein Klavierstück von knapp 20 Minuten Dauer, das genau Meine Klänge physisch hörbar macht. Ein großartiges Geschenk, das sie sich selbst gemacht hat!

„Und was hat Musik mit Liebe zu tun?", höre ich dich jetzt fragen. Oh, sehr, sehr viel, genauer gesagt, Alles! Musik ist Liebe! Denn Musik ist der Ausdruck der Göttlichen Schwingung, die Liebe IST! Und damit ist Musik sehr zu Recht diejenige Kunst, die bei den Menschen die größten Säle füllt...

Übrigens, Sprache und Malerei/bildende Kunst sind selbstverständlich ebenfalls Göttliche Schwingung, aber die Musik ist ihr unmittelbarster Ausdruck.

Nun zum Ausgangs-Thema, dem Singen: Nicht jeder Mensch kann ein Instrument spielen, und nur sehr wenige beherrschen das ihre in Vollkommenheit. Aber jeder Mensch kann singen! Jetzt sagst du vielleicht, dass du persönlich keinen Ton halten könnest? Das macht überhaupt nichts! Auch du kannst singen. Warum? Du hast Stimmbänder, du kannst mit Mund und Lippen Töne formen, auch wenn sie angeblich schief klingen, und du hast deinen Körper als Resonanzkasten. Mit anderen Worten: Du Selbst bist ein vollkommenes Musikinstrument!

Und was geschieht, wenn du singst? Du bringst deinen ganzen Körper zum Klingen, du wirst selbst zu Musik! Mit anderen Worten, du drückst Dich Selbsr auf die vollkommenste Weise aus, die dir möglich ist. Dabei ist es völlig gleich-gültig, ob du ein altes Volks- oder Kinderliedchen singst, oder einen Pop-Hit, ob du dich im Rap versuchst, ob du ein Mantra wiederholst, das Tönen übst, oder ob du frei improvisierst, also deine ganz eigenen Melodien entwickelst. In jedem Falle BIST du Musik, wenn du singst.
Ines hat als Überschrift dieses Kapitels den Satz gewählt: „Singe dich frei". Wahrscheinlich möchtest du nun wissen, mein lieber Menschenengel, was es eigentlich damit auf sich hat, denn Ich, die

Seele Ines, sage dir, dass dieser Satz die Wahrheit ganz genau trifft. Nun, ich erklärte dir, dass die Musik der vollkommenste Ausdruck der Göttlichen Schwingung, also der Liebe, ist. Und es besteht ein sehr tiefer innerer Zusammenhang zwischen der Freiheit und der Liebe. Freiheit ist Weite, unendliche Weite des Bewusstseins. Freiheit ist nur in der Liebe möglich, und die Liebe kann sich in ihrer wahren Gestalt nur durch die Freiheit und in Freiheit ausdrücken! Wenn du, mein lieber Menschenengel, nun hingehst und Dich Selbst im Singen ausdrückst, dann beförderst du in einem sehr nachhaltigen und er-freu-lichen Sinne den Prozess deiner eigenen Selbst-Befreiung. Ja, die Freude kommt dabei ebenso mit ins Spiel wie der innere Friede. Wenn du deine Singstimme erschallen lässt, wenn du dich wirklich-wirklich für sie öffnest, wenn du deinen Mund weit öffnest, deinen Brustkorb weitest und aufrecht sitzend, oder stehend, oder dich bewegend singst, dann befreist du dich selbst auf die natürlichste und einfachste Weise, die du dir nur vorstellen kannst. Probiere es doch einmal aus! Und wenn du dich vor deinen Mitmenschen oder vor deinem Partner oder vor deiner Familie genierst, dann ziehe dich ins stille Kämmerlein zurück und singe dort. Oder, noch schöner, gehe hinaus in die Natur, ins freie Feld oder in den Wald und singe!

Nun übergebe ich wieder an den – gar nicht mehr so kleinen – Menschen Ines.
Du bist unendlich geliebt!
Die Seele Ines

Danke, meine allerliebste Seele! Während du mir den letzten Abschnitt übermittelt hast, und auch jetzt noch, läuft eine CD mit Gesang und Instrumental-Begleitung: „Ein Hauch von Ewigkeit" von „Terra Musica & Friends"[15]. Das sind Otto Lichtner, seine Frau Kirsten Feierabend (die Sängerin der Gruppe), zusammen mit einigen befreundeten Musikern. Kirsten hat mich bei einem Telefonat vor einigen Wochen dazu ermutigt, meine Stimme zu befreien, in-

---

15 www.terramusica.net

dem ich sie einfach singen lasse, was sie möchte. Das tue ich nun – gelegentlich. Ich muss zugeben, dass es nicht meine hauptsächliche Beschäftigung ist. Es ist (noch) nicht zu meiner Leidenschaft geworden. Aber immerhin: zwei kleine Lieder sind schon entstanden. Das eine habe ich schon zitiert. Eigentlich heißt es da ja: „Die *Weisheit* deines Herzens lebt...“, aber man kann und darf ja in voller Freiheit Wörter oder auch Textteile austauschen, wenn es gerade passt... Ich Bin so frei!

„Die Weisheit deines Herzens...“ habe ich inzwischen schon einigen KlientInnen in meiner Lebensberatung vorgesungen, und auch den TeilnehmerInnen eines Webinars. Das zweite Liedchen werde ich ebenfalls in meiner Arbeit mit anderen Menschen einsetzen. Ich bringe es an dieser Stelle jetzt auch ein:

> *Ich gehe einen neuen Weg,*
> *beschreit ihn ohne Furcht.*
> *Betrete einen schmalen Steg,*
> *bin mutig, durch und durch.*
> *Der Weg ist weit,*
> *ich bin bereit,*
> *ihn täglich neu zu geh'n.*
> *Und meine Seele ist bei mir,*
> *sie hilft mir zu versteh'n.*[16]

Bei beiden Liedern war zuerst nur die Melodie da, und zwar über einige Tage, bis sich dann jeweils der Text dazu einstellte. Danke, liebe Seele, für die Übermittlung!

Ich kann noch nicht sagen, wohin mich mein eigenes Singen einmal führen wird, aber sicher ist, dass meine Seele nicht darin nachlassen wird, mich immer wieder dazu zu ermuntern. Lausche auch Du,

---

16 Nachtrag am 01.05.2017: Dieses Lied, erweitert durch 3 zusätzliche Strophen, hat Ines vor einigen Wochen zusammen mit einer Freundin auf YouTube veröffentlicht: „Ein Lied für die Neue Erde“ www.youtube.com/watch?v=IB1C5NOOd78

lieber Menschenengel, auf deine Seele! Sie wird bei dir anklopfen und dich ebenfalls zum Singen einladen.

Erschütterungen

Nachträgliche Vorbemerkung zu diesem Kapitel am 17. April 2016:
Anfang März dieses Jahres traten in meinem äußeren Leben Ereignisse ein, die mich – scheinbar – hinter alles in den vergangenen Monaten auf meinem Wege Erreichte wieder zurückwarfen. Wie ich es sehe, wurde ich aber in Wahrheit nur in eine noch tiefere Schicht meines Schmerzes, und damit meines Trennungsbewusstseins, hinein geführt. Warum? Es kann nur einen einzigen Grund geben: eine noch tiefere Heilung und damit einen noch deutlicheren Schritt in die Selbstliebe hinein!

In diesen ersten Monaten des Jahres 2016 erfahren viele Menschen große Herausforderungen, ja, Erschütterungen in ihrem Leben. Eigene Krankheit – körperlich oder seelisch, schwere Krankheit oder gar Tod von nahen Angehörigen, Unfälle, Umbruch-Situationen jeglicher Art... Wir befinden uns mitten im Übergang in eine neue Welt, und das Alte versinkt teilweise schon im Chaos. 60 Millionen Menschen sind weltweit auf der Flucht – hier bei uns ist meist nur die Rede von denen, die zu *uns* wollen... Auch in meinem eigenen Leben geht es momentan – Anfang März – hoch her: Ich habe alle Mühe, ins Vertrauen zu gehen und darin zu bleiben, was meinen geliebten Mann betrifft! Er wurde vor einigen Tagen am Trigeminus-Nerv (ein Gesichtsnerv) operiert, weil ein Blutgefäß darauf drückte. Zehn Jahre lang hatte er starke Schmerzen ausgehalten, war von Zahnarzt zu Zahnarzt gepilgert und man hatte ihm gesunde Zähne gezogen, bis sein Hausarzt darauf kam, ihn zum Neurologen zu schicken. Über eine Computer-Tomographie erhielt er endlich die zutreffende Diagnose. Nun wurde der Nerv unterpolstert, eine aufwändige Operation, die aber gut verlief. Jedoch stellten die Radiologen am Tag darauf bei einer Routine-CT eine Hirnblutung fest. Mein Mann musste erneut operiert werden! Wie ich erst am Abend durch den Neurochirurgen erfuhr, war diese Blutung aber nicht im ursprünglichen OP-Bereich lokalisiert, sondern am Oberkopf, direkt unter der Schädeldecke. Die Ärzte konnten sich die Entstehung nicht erklären. Einer unserer Söhne hatte eine spannende Idee: Was, wenn die Hirnblutung gar nichts mit der Trigeminus-OP zu tun hatte? Was, wenn sie ohnehin aufgetreten wäre? Dann hätte mein Mann großes Glück gehabt, zur rechten Zeit in der Klinik zu sein... Das Hämatom konnte nämlich relativ leicht vollständig entfernt werden.

Du wirst verstehen, lieber Menschenengel, dass diese Ereignisse für mich persönlich große seelische Erschütterungen mit sich brachten und bringen. Ich möchte mir – und uns – nun die Frage stellen: Wie können wir mit solchen Erschütterungen auf eine Weise umgehen, die liebevoll für Uns Selbst ist? Mit anderen Worten, wie können wir in einer solchen Situation die Selbstliebe ins Spiel bringen? Es meldet sich bei mir gerade ein Engel, den ich noch nicht kenne – er nennt sich Erzengel Sanael und er möchte uns zu dieser Frage ein paar Zeilen übermitteln.

Erzengel Sanael:
Liebe Ines, lieber Menschenengel, der du dies liest, die Antwort ist ganz einfach, und du kennst sie doch schon. Ich weiß allerdings, dass sie für euch manchmal schwer umzusetzen ist:

Frage dich in *jeder* Situation deines Lebens: „Was ist JETZT liebevoll für MICH?"

Nehmen wir ruhig einmal dein eigenes Beispiel her zur Illustration, liebe Ines. Was ist Jetzt liebevoll für Dich?

In den ersten Tagen, als diese neue Situation ganz unvermittelt vor dir stand, hast du sehr viele Menschen davon informiert. Einerseits hast du damit seelischen Druck abgelassen, andererseits aber hast du neuen Druck aufgebaut, denn nun glaubtest du, im Anschluss daran ständig neue Aktualisierungen an alle liefern zu müssen, denen du geschrieben hattest. Das musstest und musst du aber überhaupt nicht! Erst als dein Sohn dir das gesagt hat, erkanntest du, dass dieses Vorgehen nicht liebevoll für dich selbst war. Im Anschluss bist du dazu übergegangen, nur noch den Menschen erneut zu schreiben, die nachgefragt haben. Das war und ist genau angemessen, denn dies sind auch diejenigen, die wirklich interessiert sind.

Zum anderen: Du besuchst momentan deinen Mann täglich. Das ist aber nur so lange liebevoll auch für Dich, wie Du dich damit wirklich gut fühlst. Ich schlage dir in diesem Zusammenhang vor, am kommenden Wochenende, wenn deine Kinder Zeit haben, in die Klinik zu fahren, einmal für mindestens einen Tag eine Pause einzulegen. Ich, Erzengel Sanael, sehe nämlich ganz genau, dass die Krankenhausatmosphäre dich auf die Dauer ziemlich belastet. Du hast, liebe Ines, das Recht und sogar die Pflicht dir selbst gegenüber, auf deine eigene psychische und körperliche Verfassung Rücksicht zu nehmen!

Und weiter: Vergiss das Meditieren nicht! Setze dich am Abend, nach vollendetem Tagewerk, still hin, schließe die Augen, atme weich und nimm Verbindung mit der unendlichen Kraft in Dir Selbst auf. Dann schöpfst du auch zugleich neue Kräfte für den nächsten herausfordernden Tag.

Dir, liebe Leserin, lieber Leser, möchte ich sagen: Was Jetzt liebevoll für Dich ist, das kannst du immer nur aus der ganz konkreten Situation entnehmen, in der du dich gerade befindest. Darum bin ich im Vorstehenden auch ganz konkret auf die aktuelle Situation von Ines eingegangen. Der letzte Rat aber, die Meditation betreffend, trifft auf jede Lebenslage zu. Es ist immer und in jeder Lebenslage liebevoll für dich, mit deiner Seele Verbindung aufzunehmen, denn von deiner Seele kommt so unendlich viel Liebe für dich, und gerade für dich, und nur für dich!

Damit habe ich auch schon alles gesagt, was jetzt dazu zu sagen ist. Ich segne dich und ich preise dich für deine Tapferkeit, deine Liebe und deine Geduld!

Dein Erzengel Sanael

Mehr zu schreiben ist heute Abend auch nicht liebevoll für mich, daher vertage ich die Fortsetzung auf einen späteren Zeitpunkt.

Heute, mehr als einen Monat später, möchte ich hier fortfahren. Wir haben Mitte April, und der Frühling zieht ein mit Macht. Auch bei mir selbst ist Aufbruchsstimmung angesagt – ich befinde mich mitten in einer Phase der Neuorientierung. Hierüber schreibe ich aber jetzt noch nicht. Stattdessen möchte ich kurz erzählen, was sich in den letzten Wochen in meinem Leben getan hat:

Am 17. März kam mein Mann in die Rehabilitations-Klinik in Bad Urach auf der Schwäbischen Alb. Ich habe ihn dort 12 Tage lang, bis zum Ostermontag, begleitet. Gleich am ersten Tag stand eine Entscheidung an, bei welcher ich mir die Frage zu stellen hatte: „Was ist Jetzt liebevoll für mich?" Ich hatte ein Hotelzimmer gebucht, hätte aber nun auch die Möglichkeit gehabt, dass in das Einzelzimmer meines Mannes ein zusätzliches Bett gestellt würde. Ich habe nur kurz geschwankt – im Zimmer wäre es sehr eng geworden, und ich hätte keine Möglichkeit gehabt, mich auch einmal zurückzuziehen und allein mit meiner Seele zu sein. So beschloss ich, beim Hotelzimmer zu bleiben, und es stellte sich heraus, dass dies genau richtig war. Für uns beide, wie mein Mann später feststellte. Zunächst hatte er meine Entscheidung bedauert... Ich war in diesen Tagen dennoch 7-8 Stunden lang bei ihm; ich durfte als Begleitperson das Mittag- und das Abendessen mit ihm zusammen im Speisesaal der Klinik einnehmen. Als ich Ende des Monats März, genau am Ostermontag, nach Hause zurückkehrte – mein Mann kam dann am 06. April heim – merkte ich erst, wie sehr mich das Ganze mitgenommen hatte. Ich wurde krank: zuerst eine heftige Erkältung, später eine Harnwegsinfektion, die immer noch nicht vollständig ausgeheilt ist. Meinem Mann geht es, den Umständen entsprechend, wieder relativ gut, obwohl es ihn deprimiert, dass er noch nicht so fit ist wie zuvor... Aber nun stand in den letzten Tagen an, dass ich mich verstärkt noch einmal um mich selbst kümmerte! Ich nahm eine Heilsitzung bei einer guten Freundin. In diesem Rahmen kamen sehr, sehr viele alte Themen hoch, zum Teil aus vergangenen Leben, zum Teil aus diesem heutigen. Ein zentrales Thema war alter Groll, der trotz all meiner vergangenen Arbeit an mir selbst sich immer noch nicht vollständig aufgelöst hatte. Hierüber möchte ich im nächsten Kapitel sprechen.

Trennungsbewusstsein und Groll

Ja... wo fange ich nun an? Ich glaube, um mir diese Sache zu erleichtern, bringe ich sie in die Form eines Gesprächs mit meiner Seele. Ich werde ihr ein paar Fragen stellen und auf ihre Antworten lauschen.

Ines:
Meine geliebte Seele, kannst du uns – meinen LeserInnen und mir – zunächst einmal erklären, wie Hass und Groll entstehen?

Seele:
Aber gern! Das ist eine gute Frage zum Beginnen. Es verhält sich damit folgendermaßen: Die Ur-Emotion, die Quelle sämtlicher negativen Emotionen, ist die Angst. Die Angst aber ist extrem niedrig schwingende Liebe und entspringt direkt der Trennung des Bewusstseins von der Göttlichen QUELLE-Allen-Seins.

Ines: Die Angst, und damit alle anderen niedrig schwingenden Emotionen, ist auch nichts anderes als eine Form der Liebe?

Seele: Ganz genau, denn es existiert nichts und es kann nichts existieren außerhalb der Liebe. Nur ist die Angst, wenn du so willst, *blockierte* Liebe. Blockierte Liebe äußert sich zuallererst in der Angst. Es ist die Angst, ganz allein zu sein und sogar Sich Selbst verloren zu haben. Wenn du nämlich GOTT verloren hast, dann hast du zugleich Dich Selbst verloren, nicht wahr? Das kleine Menschenich, das von manchen auch das Ego genannt wird, fühlt sich also komplett verlassen. Es weiß nicht mehr, dass es in Wahrheit niemals aus der Großen Einheit herausfallen kann, es glaubt, eine winzige Insel in einem riesengroßen, feindlichen Ozean zu sein. Es trennt die Welt in „ich" und „Das/Die da Draußen". Aufgrund dieser Trennung aber versteht das kleine Ich auch nicht mehr, dass es selbst der Schöpfer seiner gesamten Realität ist. Es versteht nicht mehr, dass die Realität Da Draußen, die Menschen Da Draußen, ihm alles das spiegeln, was sich in seinem eigenen Inneren befindet. Zum Beispiel alte Glaubenssätze wie „Ich bin wertlos", „Ich habe kein Glück verdient", „Reichtum ist böse, denn er ist nicht von Gott gewollt". Letzteres ein Glaubenssatz aus deiner eigenen Ahnenreihe, mein Liebes. Und auch die anderen beiden hast du von deinen Vorfahren übernommen.

Ines: Ich sehe! Die Trennung in ein Ich und ein als feindlich erfahrenes Draußen führt dann offenbar zu zahlreichen Projektionen. Ich projiziere meine eigene Selbstablehnung auf andere Menschen, fühle mich also von diesen abgelehnt, und in der Konsequenz mögen diese Menschen mich unter Umständen tatsächlich nicht leiden...

Seele: Ja, so ungefähr läuft es ab. Du kannst es auch so formulieren: Deine Mitmenschen spüren quasi instinktiv, dass du dich selbst nicht leiden kannst. Sie spüren deine – dir selbst meist unbewusste – Erwartung, abgelehnt zu werden, und entsprechend reagieren sie auf dich. Auch dies wieder auf einer unbewussten Ebene.

Ines: Trennungsbewusstsein ist also auch gleichbedeutend mit Unbewusstheit?

Seele: Oh ja, so ist es. Bewusstheit aber entspricht dem Einheitsbewusstsein, das auch das Christusbewusstsein genannt wird. Die Mechanismen, von denen wir gerade sprachen, funktionieren natürlich auf der Grundlage von Unbewusstheit und Trennungsbewusstsein.

Ines: Wer immer bewusster lebt und sich auf diesem Wege seine Realität immer bewusster erschafft, wäre also auch tendenziell frei von jeglicher Angst?

Seele: Genau. Und nun lass uns auf die Entstehung von Hass und Groll zu sprechen kommen. Nehmen wir dazu einmal ein konkretes Beispiel, nämlich die kleine Ines im Nonnen-Kindergarten in den

50er Jahren des 20. Jahrhunderts: Dieses kleine Mädchen hatte Angst vor den Schwestern, obwohl sie weder laut, noch gewalttätig waren. Es spürte aber ein untergründiges Klima von Militarismus, es spürte die Energien des gerade erst – und nur scheinbar – besiegten Nationalsozialismus, die allgegenwärtig waren, auch in dieser Einrichtung! Es wurde dort ein durch und durch patriarchalisches Menschenbild vermittelt, und zwar genau im Spiel, in den kleinen Liedern, die die Nonnen selbst dichteten, in dem Sketch, in welchem du selbst, liebe Ines, die Hauptrolle zu spielen hattest: Du als kleines Mädchen warst dazu bestimmt, einmal eine Hausfrau und Mutter von vielen lieben (!) Kindern zu werden, und selbstverständlich hattest du, das kleine Mädchen, selber lieb und brav zu sein. Noch heute lässt du die immense Wut nicht vollständig zu, die damals in dir entstand.

Ines: Das mag wohl sein... Aber ich verstehe nicht so ganz, beziehungsweise, mein Verstand hat da eine ganze Batterie von Fragezeichen: Inwiefern habe ich, dieses kleine Kind, mir die Situation in diesem Nonnen-Kindergarten erschaffen?

Seele (lacht): Tja, da meint nun dein Verstand, dass das ganz eindeutig ein feindliches Draußen gewesen sein müsse, nicht wahr? Nun, in der Tat existierte dieser Kindergarten und existierten die gesellschaftlichen Verhältnisse der 50er Jahre zunächst einmal unabhängig von dir. Andererseits aber gibt es keine, absolut keine Situation in deinem Leben, zu der du nicht auf irgendeiner Ebene deine Zustimmung gegeben hast! Du, mein Liebes, hast vor deiner Inkarnation auf der Seelenebene deine künftigen Eltern ausgewählt und damit auch das gesamte Umfeld, in dem du aufgewachsen bist. Aber mehr noch: Durch dein Vergessen deiner eigenen göttlichen Herkunft hast du alle deine konkreten Lebensumstände mit erschaffen.

Ines: Ich, als Teil eines menschlichen Kollektivs, bin dann also Mit-Schöpferin?

Seele: Ja. Und nun zurück zum Groll: Er entsteht genau dann, wenn Du dir deiner Funktion als Mit-Schöpferin nicht bewusst bist. Angst schlägt in Wut, Hass und Groll um, wenn Du dich als ein Opfer von äußeren Umständen, als ein Opfer anderer Menschen, fühlst.

Ines: Und in Wirklichkeit bin ich niemals ein Opfer?

Seele: So ist es! Ich wiederhole es: Auf irgendeiner Ebene hast du *immer* zugestimmt, wenn andere dir etwas angetan haben. Lass uns an dieser Stelle zur Verdeutlichung einen Blick auf einige deiner alten Inkarnationen werfen, die in der Heilsitzung mit deiner Freundin aus der Versenkung auftauchten:

• Du warst in einem deiner früheren Leben eine Baum-Heilerin, das heißt, eine Frau, die auf der Grundlage von altem keltischen Baumwissen heilte. Dafür wurdest du als Hexe verbrannt. Auf dem Scheiterhaufen verfluchtest du deine Mörder und die Menschen, die dich verhöhnten und deinen Tod beklatschten: „Das werdet ihr mir alle büßen!"

• Auf der anderen Seite: Ein paar Jahrhunderte zuvor warst du ein sehr verehrter Heiliger der katholischen Kirche gewesen, nämlich der Missionar Bonifatius, der als religiöser Eiferer, ja, Fanatiker, die Heilige Eiche des germanischen Gottes Thor fällte.

• Und noch einmal auf der anderen Seite: Vor der Inkarnation, in welcher du von der Inquisition wegen „Gotteslästerung", „Ketzerei" und „heidnischen Handlungen" bestraft wurdest, warst du selbst als mächtiger, hasserfüllter Inquisitor inkarniert.

Ines: Dann war also mein Tod als Hexe der Ausgleich für meine Taten als Bonifatius und als Inquisitor. Das ist eine Feststellung, keine Frage.

Seele (lacht): Du hast Recht. Und der Fluch auf dem Scheiterhaufen fiel, wie das Flüche so an sich haben, auf dich selbst zurück... Deine

Freundin hat ihn mit deiner Zustimmung und meiner Unterstützung nun auflösen können. Sehr viel alter Groll konnte nach dieser Heilsitzung aus dir abfließen, aber dein Nonnen-Kindergarten hängt dir noch ein wenig nach, das mache dir klar.

Ines: Und dann?

Seele (lacht noch mehr): Wenn du den Groll so richtig spüren kannst, dann ist er bereit zu gehen. Setze dich in einer ruhigen Stunde hin und lasse dies alles geschehen. Du weißt selbst – du hängst momentan noch ein wenig in einer Warteschleife fest, und der Grund ist, dass dein nächster Schritt hin zur Selbstbefreiung ein so großer ist. Gestehe dir dieses Festhängen ruhig zu, das ist schon die Vorstufe zum nächsten Schritt. Warum? Damit hörst du auf zu zappeln und gegen das Festhängen zu kämpfen...
Ende des Gesprächs

Ich danke meiner Seele von Herzen und nehme mir für heute Abend eine entsprechende Meditation vor. Ja, ich ahne, dass mein nächster Schritt ein sehr großer sein wird.

Die Auflösung der kristallisierten Angst

Heute, am 19. April 2016, setze ich das gestern geführte Gespräch mit meiner Seele fort. Ich habe vorhin erst meine Absicht umgesetzt und meine Gefühle bezüglich des Nonnen-Kindergartens zugelassen. Das emotionale Klima dort nahm ich als so dicht wahr, dass es mir schier die Luft zum Atmen nahm. Es kam der Gedanke hoch: „Ein Wunder, dass ich damals kein Asthma bekommen habe!" Und dann die Erkenntnis: „Das konnte ich nur vermeiden, indem ich mich anpasste." Die Wut gegen mich selbst – wegen der Selbst-Unterdrückung – und die Wut gegen diese Institution nahm ich anschließend als starke Energie wahr, die aber sehr bald in den Fluss kam. Mutter Erde nahm sie über meine Füße auf, um sie in meine Ursprüngliche Kraft zurück zu verwandeln... Danke!

Ines: Liebe Seele, und was nun?

Seele: Ha, nun kommt sehr bald dein eingeborener Humor zum Zuge! Aber bevor wir darüber sprechen, wie dein nächster Schritt aussehen kann, wollen wir uns noch einmal über die innere Härte unterhalten, die euch alle immer wieder sehr wirkungsvoll davon abhält, den Weg eurer „Bestimmung" zu gehen, also, euer eigentliches Seelengeschenk in die Welt zu bringen. In einem früheren Kapitel gab ich dir den Begriff „kristallisierte Angst" ein. Darauf möchte ich hier zurückkommen.

Ines: Ja, gerne, was meintest du denn damit?

Seele: Wenn ein Mensch seine Angst zu unterdrücken und zu verdrängen versucht, dann bildet sie so etwas wie Stromschnellen im Fluss seiner Energie. Angst kann tatsächlich kristallartige Strukturen entwickeln, sich also in eurem Energiefeld in einer bestimmten Weise verdichten, sodass harte Hindernisse entstehen. Zum genaueren Verständnis: Angst ist sehr, sehr niedrig schwingende Energie, und diese tendiert dazu, harte, spitze, dunkle Strukturen zu bilden, die sich dem Fluss in den Weg stellen. Die Angst-Kristalle sind in der Tat sehr hart, spitz und dunkel – anders als die kristallinen Strukturen des Lichtes und der Liebe. Sie weisen auch große Unregelmäßigkeiten auf, also, wenn du willst, sie sind das, was ihr Menschen hässlich nennt.

Ines: Sehr interessant – davon habe ich bisher noch nirgends gehört oder gelesen.

Seele: Dann wird es ja höchste Zeit, dass Ich dir und deinen LeserInnen dieses übermittle! *(heiteres Lachen)* Also, formulieren wir es einmal so: Alle eure Blockaden, die euch daran hindern, euren ursprünglich gewollten Weg zu gehen, bestehen in innerer Härte in der Form von kristallisierter Angst! Alle eure negativen Emotionen lassen sich auf die Angst zurückführen, die aus dem Trennungsbewusstsein entspringt – ich sagte dies schon. Und alle eure Angst kann zurück verwandelt werden in die Liebe, die sie vom Ursprung her IST, wenn ihr den Weg geht, diese dunklen kristallinen Strukturen zum Schmelzen zu bringen.

Ines: Oh, ich habe eine spannende Idee: Wie wir dieses Schmelzen zuwege bringen können, dafür habe ja ich selbst, wie schon beschrieben, ein sehr schönes Werkzeug entdeckt, nämlich die fließende Bewegung des Körpers, den meditativen Tanz. Ein anderer einfacher Weg ist gewiss der Weiche Atem, von dem auch schon die Rede war.

Seele: Ja, genau, ganz wunderbar! Zu diesen beiden Übungen möchte ich jetzt aus Seelen-Sicht noch etwas ausführen: In beiden Fällen erlaubst du, lieber Menschenengel, dass deine Energie die Stromschnellen der kristallisierten Angst umfließt, so wie auch ein materieller Fluss dies tut. Du weißt ja, das Wasser ist stärker als jeder Fels – es schleift ihn mit der Zeit immer mehr ab... Dein Atem aber, unterstützt im Tanz durch die fließenden Bewegungen deines Körpers, ist noch viel kraftvoller in seiner Sanftheit als das materielle Wasser! Er schleift nicht nur die Spitzen der Angst-Kristalle ab, nein, viel mehr: Er bringt sie tatsächlich zum Schmelzen, löst sie gänzlich auf! Es braucht nur ein wenig Geduld. Mit einem einzigen Mal Atmen oder Tanzen ist es nicht getan.

Ines: Ja, ja... die Geduld ist eine Eigenschaft, von der wir Menschen alle eine Menge mehr gebrauchen könnten, ha, ha, ha...

Seele (lacht auch): Du sagst es... Geduld und Ausdauer... Diese Eigenschaften könnt ihr aber einüben, indem ihr von der Natur lernt, zum Beispiel von den Bäumen, die gerne bald auch noch etwas beitragen würden. Stelle dir mal einen Keimling vor, der aus einer Eichel oder Buchecker entsprungen ist. Wie lange braucht er, um zu einem großen Baum heranzuwachsen? Kann dieser Keimling einmal „Simsalabim" rufen, und dann ist er eine tausendjährige Eiche? *(Schmunzeln)* Ein jeder von euch weiß, dass er das nicht kann, und es wäre auch ausgesprochen unangemessen...

Ines: Natürlich hast du Recht – nur wir Menschen würden uns am liebsten zur Entwicklung zwingen.

Seele: So ist es. In diesem Zusammenhang ist euer alter Verstand echt unvernünftig, obwohl er sich so sehr gerne auf die Vernunft beruft. Nun möchte ich aber auf unser zentrales Thema zurückkommen, die Selbstliebe: Im Weichen Atem, im meditativen Tanz, drückt sich diese Liebe ganz natürlich und einfach aus! Und es ist diese Liebe, die die alte dunkle Angst zum Schmelzen bringt und den natürlichen Fluss aller Energien wieder herstellt. Sei dir daher bewusst, wenn du weich atmest, wenn du deinen Körper in fließende Bewegungen bringst, dass du deinen inneren Stromschnellen Liebe zukommen lässt – die Liebe zu Dir Selbst!

Und noch etwas: Sei dir bewusst, dass du mit solchen Handlungen eine wahre AlchimistIn bist, denn du verwandelst Angstkristalle in Flüssiges Gold – deine eigene Liebes-Energie!

Ines: Oh, vielen Dank, das ist ein sehr, sehr spannender Hinweis! Das eigentliche Anliegen der wahren Alchimie war ja schon immer die *innere* Wandlung und Transformation.

Seele: Ja, das ist so.

Ines: Du hast vorhin den Ausdruck „alter" Verstand" verwendet. Gibt es auch einen neuen?

Seele: Ja, durchaus. Manche Menschen möchten ja schier den Verstand komplett abschaffen und durch das alleinige Fühlen ersetzen, aber hier bin ich nicht einverstanden – sind wir Seelen nicht einverstanden. Der Verstand kann durchaus eine immens wichtige Funktion ausüben, wenn er sich selbst als den Diener des Herzens anerkennt! Und genau diese Funktion kann dein Verstand dann übernehmen, wenn deine alte Angst immer mehr ins Fließen kommt. Mit anderen Worten, die alchimistische Handlung der Transformation der dunklen Angst-Kristalle in Flüssiges Gold schafft genau die Voraussetzungen dafür, dass dein Verstand zu einer liebevoll dienenden Instanz werden kann.

Ines: Und warum ist das so?

Seele: Weil der alte Verstand auf der einen Seite ein Tyrann, auf der anderen Seite ein Diener der Angst ist. Nehmen wir zur Illustration meiner letzteren Behauptung einmal ein ganz konkretes Beispiel aus dem wirklichen Leben, wie die Menschen ihre dreidimensionale Realität gerne nennen *(lacht herzlich)*: Euer alter Verstand ist stets darum bemüht, sogenannte Sicherheit für euch herzustellen, beispielsweise über eine teure Lebensversicherung. Die gesamte Versicherungsbranche lebt von eurer Angst: „Was wäre, wenn...?", und genau mit dem Schüren solcher Ängste ködern euch ihre Vertreter. Diese argumentieren scheinbar total vernünftig und appellieren dabei an euren alten Verstand: „Stellen Sie sich nur einmal vor, Sie haben einen schweren Unfall und..." Euer alter Verstand knickt sofort ein und versteht, dass er unbedingt eine Unfallversicherung kaufen muss! Und wenn dein Herz dann einwendet: „Hab doch Vertrauen! Du bist die SchöpferIn deiner eigenen Realität, und du kannst lernen, bewusst zu wählen, was in deinem Leben geschieht", dann sagt der alte Verstand, das sei irrational und unvernünftig, nicht wahr?

Ines: Stimmt. Wenn also die kristallisierte Angst schmilzt und in den Fluss kommt, dann bekommt die Stimme des Herzens die Oberhand?

Seele: Oh ja, denn wo Flüssiges Gold ungehindert durch deinen Körper und alle deine energetischen Systeme fließt, da entsteht Klarheit.

Ines. Was für eine Klarheit denn genau?

Seele: Die Klarheit der Intuition und des Herzens. Und dann kann der Verstand endlich einsehen, dass dies die wahre Klarheit ist. Er erkennt seine eigenen Grenzen und stellt sich auf dieser Grundlage bewusst in den Dienst des Herzens.

Ines: Wow, cool!

Seele (lacht sehr): Echt supercool, ja! Und bitten wir für das nächste Kapitel noch einmal Jesus Christus um sein Wort.

Ines: Sehr gern!

Vergebung und Selbstvergebung

Jesus Christus:

Liebe Ines, mein lieber Menschenengel! Es ist nun an der Zeit, dass wir dem Thema Vergebung ein eigenes Kapitel widmen. Es klang hier und da schon an, wo es um die Verflüssigung von Härten und die Auflösung von altem Groll ging, aber Ich möchte nun – auch im Namen der Großen Weißen Bruder- und Schwesternschaft – noch einen zusätzlichen Beitrag dazu beisteuern. Geliebter Menschenengel, du kannst nämlich nicht vollständig zur Selbstliebe finden, wenn du dir selbst nicht zuvor vollständig vergibst. Alles vergibst, was du dir selbst jemals zur Last gelegt hast! Ja, und die Selbstvergebung ist mit der Vergebung für andere ganz, ganz eng verknüpft, das schauen wir uns gleich noch genauer an.

Zunächst einmal: Es war in diesem Buch schon mehrfach die Rede vom Schuldgefühl, vom Gefühl „nicht würdig zu sein", und es gibt in der Tat kaum ein Menschenwesen, das nicht irgendwann einmal auch als Täter auf der Erde unterwegs war. Ihr alle also plagt euch – wortwörtlich seit Menschengedenken – mit alten Schuldgefühlen herum. Was beinhaltet aber solch ein Gefühl des Schuldigseins? Es beinhaltet die Tatsache der Selbstverurteilung, nicht wahr? Nun, ganz gleich, ob du schon lange auf den Pfaden des Erwachens wanderst und dich immer wieder an diesem Thema abgearbeitet hast, oder ob du ganz frisch dabei bist und ich dich mit dieser Feststellung vielleicht sogar erschrecke: In jedem Falle gelten die beiden grundlegenden Tatsachen, die ich nachfolgend beschreiben möchte.

Erstens: Was ihr euer Karma nennt, ist so etwas wie der Motor eurer Entwicklung! Euer Bewusstseinsprozess, eure Bewusstseins-Erweiterung, verläuft synchron zu der Abarbeitung all dieser alten Geschichten. Unser allseits geliebter Meister Saint Germain hat kürzlich einmal dir, liebe Ines, gegenüber gescherzt: „Nimm's leicht – nimm Dynamit!" Das Dynamit aber ist dein Karma, das dich geraden Weges in den Himmel hinein katapultiert... Und da bei uns allen – wir Aufgestiegenen MeisterInnen schließen uns darein ein – der Vorrat an Karma-Dynamit geradezu unerschöpflich ist, hören unsere Prozesse niemals ganz auf. Das ist eine katastrophal schlechte Nachricht, meinst du? Nein, nicht wirklich! Denn es gibt eine gute dazu:

> Die Prozesse werden und verlaufen immer leichter, je weiter du fortschreitest – wenn du dir immer wieder neu vergibst!

Wenn du dich immer wieder neu annimmst mit dem, was du Jetzt bist und mit dem, was du einmal verbrochen hast. Ja, falls du noch denken solltest, wir Aufgestiegenen seien längst *fertig* - dem ist nicht so. Auch wir befinden uns in einer stetigen Weiter- und Aufwärtsentwicklung, denn der Göttliche Urgrund, in den wir alle zurück streben, ist unendlich weit... Und also steht – auch bei uns – vor jedem neuen Schritt in eine noch größere und tiefere Bewusstheit hinein ein Schritt der Vergegenwärtigung von etwas, das sich zunächst einmal unangenehm anfühlt. Ob du es glaubst, oder lieber nicht, auch wir vergeben Uns Selbst immer wieder neu...

Zweitens: Die Selbstvergebung ist also ein Prozess, und sie verläuft spiralförmig nach Oben, ebenso wie unser aller Bewusstseins-Erweiterung. Wie nun kannst du das aber machen, mein lieber Menschenengel, dieses Dir Selbst Vergeben? Selbstverständlich kannst du es überhaupt nicht machen! Du kannst es dir nicht verordnen, nicht mit deiner Verstandeskraft erzwingen. Wie dann? Wie geht das? Mein lieber Freund, meine geliebte Freundin, du erlaubst es dir! Dazu klinkst du dich ein in die Universelle Liebe Gottes. Du kannst auch den Engel der Bedingungslosen Liebe bitten, dir zu helfen. Hier eine kleine Meditationshilfe:

Schließe die Augen und atme weich. Spüre, dass du wieder ein Kind bist – ein Kind der Erde und des Himmels. Setze dich auf den Schoß von Mutter Erde und kuschele dich ein. Lass Vater Himmel dich mit seinen liebenden Armen umfangen. Spüre dein eigenes liebendes Herz. Und dann genieße das Gefühl, bedingungslos angenommen zu sein. Erfahre, dass weder Gott, noch Mutter Erde, noch die Geistige Welt, dich schuldig sprechen. Nun ist es an der Zeit, die Worte auszusprechen: „Ich vergebe mir selbst alles, wofür ich mich jemals schuldig gesprochen habe. Ich vergebe mir selbst alles, wofür ich mich jemals selbst verflucht habe."

Denn ja, so ist es: Du hast dich häufig genug selbst verflucht für die Dinge, die du getan, gedacht, gesprochen oder gefühlt hast.

Wenn du diese Übung so oft wiederholt hast, bis du dich innerlich grundlegend frei fühlst, dann kannst du dich immer wieder auf sie besinnen, sobald erneut ein altes Thema aus der Versenkung auftaucht. In diesem Falle führe die Übung durch und benenne bei der Vergebungs-Formel die konkrete „Schuld".

Und nun... kommen wir zu der „Schuld der anderen": Für ausnahmslos jeden Menschen auf der Erde gilt, was für dich selbst gilt: Er-sie ist bedingungslos und unendlich geliebt. Er-sie ist geliebt – ganz gleich, was er-sie jemals verbrochen hat. Vergegenwärtige dir immer wieder diese unumstößliche Tatsache, bevor du dich anschickst, jemandem einen Vorwurf zu machen oder gar sie zu verurteilen. Ich weiß – wir wissen – die Verurteilung von „verabscheuungswürdigen" Verbrechen ist Teil des alten Massenbewusstseins und die meisten Menschen erwarten gerade von ihren Politikern/Volksvertretern, dass diese zum Beispiel terroristische Gewaltakte auf der Stelle konsequent verurteilen. Wir aber, die Geistige Welt, urteilen und verurteilen nichts und niemanden, da GOTT es nicht tut! Wenn nun ein anderer Mensch dir in diesem oder in einem vergangenen Leben eine Verletzung zugefügt hat, dann schaue dir die göttlichen Tatsachen an: Was immer dieses Wesen dir angetan hat, es war entweder ein Ausgleich für etwas, das du selbst ihm einmal zugefügt hast, oder es war vorab auf der Seelenebene verabredet. In jedem Fall hast du in irgendeiner Form deine Zustimmung gegeben. Alles, aber auch wirklich Alles, was dir jemals widerfahren ist, war Teil des großen Spiels auf der Erde, an dem du dich beteiligen wolltest. Und um in diesem Spiel die von dir und deiner Seele gewünschten Erfahrungen machen zu können, hast du bei jeder neuen Rückkehr auf den Planeten genau dieses wieder vergessen...

Ja... ein Wort noch an alle alten Erwachens-Hasen: Dies alles weiß dein Verstand schon lange ganz genau, nicht wahr? Dir kann ich ja nichts wirklich Neues erzählen, oder? Aber, Liebes, was dein Verstand so genau weiß, das ist unter Umständen immer noch nicht in deinem Herzen angekommen, siehst du? Könnte es sein, dass ein Teil deines Herzens immer noch verschlossen ist für die bedingungslose Liebe, einfach weil ein Teil von dir so viel Angst davor hat? Wenn du jetzt in dich hinein spürst und erkennst, dass es so ist, dann lies noch einmal das Kapitel über die kristallisierte Angst und lasse es auf dich wirken.

Dir aber, meine liebe Ines, möchte ich sagen, dass dein lieber Vater nach seinem Tod vor über 40 Jahren bitter bereut hat, was er dir angetan hatte. Er machte sich selbst schwere Vorwürfe deswegen und es dauerte ziemlich lange, bis er sich alles vergeben konnte. Vergib nun Du ihm endlich auch! Und... vergib der Institution Kirche, dass sie so war wie sie war und dass sie so ist wie sie ist. Auch du warst mehr als einmal ein knirschendes Rad in ihrem Getriebe und hast auf deine Weise ihre Geschicke mit bestimmt, du weißt es ja. An dieser Stelle wird ganz deutlich und offensichtlich, dass Vergebung anderen gegenüber und Selbstvergebung Eins sind. Wie könnte es auch anders sein, sind wir doch Alle Eins!

Und nun möchten die Bäume und dein Inneres Gott-Kind Happy Girl dich, geliebtes Menschenwesen, und dich, meine liebe Ines, zu einem ganz besonderen Tanz bitten!

Du bist unendlich geliebt! Dein Jesus Christus

Ines:
Unendlichen Dank, lieber Jesus, für deine liebevollen Worte und dafür, dass du uns an solch grundlegende Tatsachen erinnert hast!

Der Tanz mit dem inneren Gott-Kind

Ines: Seid mir willkommen, geliebte Baumwesen – kommt herein in diesen liebevollen Raum!

Bäume: Ganz herzlichen Dank, geliebte Ines, und sei uns gegrüßt und gesegnet! Wir möchten mit dir zusammen tanzen – den großen Tanz des Lebens miteinander neu beginnen, und wir möchten dich bitten, dein schöpferisches inneres Gott-Kind zu rufen.

Ines: Ich rufe dich, Happy Girl!

Happy Girl: Hier Bin Ich! Liebe Ines, lass uns beide den inneren Kreis bilden, und die Bäume bilden den äußeren Kreis um uns herum.

Ines: Tanzende Bäume, das ist eine lustige Vorstellung...

Bäume: Damit wir lustig tanzen können, laden wir den Wind zu uns ein. Er ist immer schon unser Tanz-Meister, der uns in Bewegung bringt, wobei wir fest im Erdboden verwurzelt bleiben.

Ines: Liebe Bäume, mein Verstand ist noch etwas verwirrt und ratlos: Was habt denn bloß ihr mit meinem Happy Girl zu tun?

Bäume: Alles und überhaupt nichts, Liebes. Bade deinen Verstand noch ein wenig im flüssigen Gold, dann lernt er zu sehen. Wir möchten dir ein wenig vom Neuen Tanz des Lebens erzählen. Damit Du selbst ihn tanzen kannst, ganz intuitiv und freudvoll, brauchst du die Verbindung mit deinem göttlichen inneren Kind. Der neue Tanz bringt dich auf leichte und spielerische Weise in immer höhere Schwingungsebenen hinein, und es ist die Fantasie deines Gott-Kindes, die ihn in jedem Augenblick neu er-findet. Das Universum tanzt schon immer – wenn du eine Astro- und Quanten-Physikerin wärest, könntest du auch die wissenschaftliche Erklärung finden. Nun aber möchte es einen neuen Tanz erlernen – den vollkommensten Tanz der Liebe, der überhaupt möglich ist. Und es seid ihr Menschen in eurem unvergleichlichen neuen Aufstieg, die diesen Tanz erschaffen – genau auf dem Wege über die Reinigungs-, Klärungs- und Heilungsprozesse, die ihr in dieser Zeit durchlauft. Diese Prozesse, die auf eurem Karma basieren, welches wiederum dem Bewusstsein der Trennung entspringt, sind der Brennstoff für die Bewusstseins-Rakete, die euch in die höheren Ebenen hinein trägt!

Ines: Dieser Gedanke kam mir heute auch schon. Wie kann ich nun mit meinem Happy Girl tanzen, wenn vielleicht gerade eben ein Mensch, der noch sehr stark in einem Opferbewusstsein gefangen ist, mich zur alleinigen Verantwortlichen in einer solchen karmischen Situation erklärt hat und damit mein gerade erst überwunden geglaubtes Bewusstsein, der ewige Täter zu sein, angetriggert hat?

Bäume: Lasse diesen Menschen komplett los, nimm inneren und äußeren Abstand von ihr und ergreife stattdessen beherzt die Hände deines inneren Kindes! Du Selbst bist dieses Kind – erinnere dich! Tanze mit Dir Selbst und entdecke dabei das Leben neu! Vorwürfe sind wie energetische Bleiklumpen an deinen Füßen – aber du brauchst sie dir nicht anbinden zu lassen. Erlaube, dass dieses Blei sich in flüssiges Gold auflöst. Es ist nämlich in gewisser Weise von derselben Qualität wie die kristallisierte Angst.

Ines: Dann übergebe ich diese ganze Angelegenheit Jetzt meiner Seele und der Göttlichen QUELLE selbst! Möge das flüssige Gold der transformierten Vorwürfe zusammen mit dem flüssigen Gold meiner eigenen transformierten Selbst-Vorwürfe dorthin fließen, wo Erlösung und Heilung benötigt werden.

Happy Girl: Ich singe uns jetzt ein kleines Kinder-Tanzlied, das du aus deiner eigenen Zeit als kleines Menschen-Mädchen kennst, liebe Ines:

Lass uns auf die Wiese gehn,
Klein-Marei und tanzen!
Wo die bunten Blumen stehn,
woll'n wir lustig tanzen!
Eins-zwei-drei, eins-zwei-drei,
oh, wie schön, Klein-Marei!
Eins-zwei-drei, eins-zwei-drei,
tanze, Klein-Marei!

Ines: Danke, das tut gut. In diesem Liedchen ist so viel Leichtigkeit, wunderbar! Ich habe es gerade selbst gesungen. Und wie bringen wir Menschen unseren Tanz mit unserem inneren Gott-Kind nun in unser ganz normales Alltagsleben hinein? Denn dort gehört er hin, das ist mein ganz tief empfundenes Anliegen für uns alle.

Bäume: Das darf so leicht und so einfach gehen, wie dieses kleine Tanzlied ist. Wir Bäume laden euch ein, zu uns in die Natur zu kommen und tatsächlich immer wieder „auf die Wiese" und zu den „bunten Blumen" zu hüpfen. Ja, warum denn nicht auf die Wiese in deinem Garten oder im Park hüpfen? Oder, wenn du schon etwas älter bist und nicht mehr körperlich hopsen kannst wie ein kleines Kind, dann eben beschwingt dorthin laufen? Auf die Wiese, in den Park, in den Wald gehen und frei atmen... Ja, das Atmen ist hierbei auch so ein Geheimtipp von uns! Atme draußen in der Natur ein paar Mal tief ein und aus und anschließend lasse deinen Atem ganz bewusst weich fließen – in seinem ganz natürlichen eigenen Rhythmus durch die Nase ein und aus. Das wirkt wahre Wunder, wenn du dich tatsächlich darauf einlässt. Dir wird buchstäblich leichter ums Herz, probiere es bitte einmal aus!

Happy Girl: Ja, genau, und dann möchte ich dich, liebe LeserIn, an das Lied von Louis Armstrong erinnern: „What a wonderful world". Hier wirst du wieder darauf aufmerksam gemacht, dass die einfachsten und die kleinsten Dinge in der Welt – die nebenbei gesagt auch kein Geld kosten – dir die allergrößte Freude bringen können. Du brauchst sie nur bewusst wahrzunehmen und das wundervolle Geschenk an dich und an alle darin bewusst wahrzunehmen. Wenn du dies tust, dann wirst du wieder selbst zum Kind: Du fängst an, neugierig zu werden und zu staunen und überhaupt nichts mehr für selbstverständlich zu nehmen. Das Geheimnis des Tanzes mit Mir, das Geheimnis des Tanzes mit deinem Leben, liegt nämlich ganz genau hier:

Dass du wieder wirst wie ein Kind.

Darf ich dich an die Worte des Meisters Jesus erinnern, der seinen Freunden erklärte, dass die Menschen nur auf diesem Wege „ins Himmelreich eingehen" können? Über dieses Himmelreich möchten wir uns im folgenden Kapitel noch eingehender unterhalten.

Noch einmal SeelenLand – wo die Liebe wohnt

Ines: Ja... das Himmelreich... Das alte Trennungsbewusstsein lokalisiert es ja sozusagen Oben, bei oder hinter den Sternen... Jesus wies einmal darauf hin, dass es In uns liege. Und dann gibt es noch einen netten englischsprachigen Pop-Song, der eine ganz andere Wahrheit ausspricht: „Heaven is a place on Earth" - „Der Himmel ist ein Ort auf der Erde". Ja, und wo ist der Himmel, das Paradies, denn nun wirklich-wirklich?

Happy Girl: Ich muss lachen, dass du diese Frage stellst, liebe Ines, denn ich sehe, dass du die Antwort ganz genau kennst! Aber gerne antworte Ich an deiner Stelle – schließlich bin ich ja Du...

> Das Paradies ist einfach Überall – du brauchst es nur wahrzunehmen!

Ja, das Paradies, das neue im Besonderen, ist überall dort, wo Du in deiner eigenen Mitte ruhst, in deiner eigenen Kraft und Freude – und das bedeutet auch, dass du dich im Bewusstsein der Einheit und der Selbstliebe ganz sanft wiegst... Ja, du darfst dich selbst wie eine liebevolle Mutter, ein liebevoller Vater, in deinen eigenen Armen wiegen und dabei wissen: Du ruhst in den Armen GOTTES.

Bäume: Ja, Happy Girl, genau so ist es, und so ist es schon immer. Zu allen Zeiten auch auf der Erde: Wo ein Mensch sich Seiner Selbst vollständig bewusst wurde, wo er/sie also das erreichte, was manche Erleuchtung nennen, da befand sie sich mitten im Himmel. Der kleine Unterschied zu früher: Hier und Heute bricht sich eine Neue Zeit Bahn und die Menschheit befindet sich als Kollektiv in einem intensiven Erwachensprozess. Hier und Heute hat also ein jedeR die Möglichkeit, sein gesamtes Potenzial zu leben und auf die Erde zu bringen, nicht nur einige wenige, die vom alten Bewusstsein als auserwählt oder Genies angesehen wurden.

Hier und heute möchte die Erde Selbst wieder zum Paradies werden – und für Alle!

Der Friede GOTTES aber beginnt in deinem eigenen Inneren, wo du Dich Selbst erkennst und wieder in die Selbstliebe findest.

Dann aber, wenn du den Frieden mit dir selbst geschlossen hast, öffnet sich auch der Zugang zum „Himmel dort droben"...

Ines: Mein liebes Happy Girl, liebe Baumwesen, das habt ihr sehr, sehr schön formuliert – ich selbst hätte es nicht besser sagen können *(kicher)*! Ja. Der Friede, der aus der Selbst-Erkenntnis fließt, die Freude, die Selbstliebe, und aus dieser heraus die Liebe zu Allem Was da Ist... Das Bewusstsein deiner Einheit mit GOTT und Allem Was da Ist... Das ist die Grundlage unserer neuen Leichtigkeit, und diese Leichtigkeit und auch Einfachheit ist zugleich das Fundament dafür, dass die Erde wieder zum Paradies werden kann. Und das ist ein wunderschöner Garten, in dem die LIEBE wohnt!

Bäume: Das hast jetzt Du sehr schön formuliert, liebe Ines – wir hätten es nicht besser sagen können *(kichern ziemlich albern)*. Kommen wir aber noch einmal auf das Innere Paradies zurück, liebe Ines. Du hast es neulich SeelenLand genannt, und wir möchten jetzt die Frage beantworten, die sich vielleicht einige LeserInnen stellen, nämlich warum dies ein *Neues* Land ist:

Nun, wenn du dir dein inneres SeelenLand eröffnest, dann schreibst du deine gesamte Vergangenheit neu – nämlich indem du sie heilen lässt! Und das hat unglaubliche Konsequenzen: Du schaust deine Vergangenheit mit neuen Augen an, indem du in jeder einzelnen Erfahrung aus allen deinen Erdenexistenzen und selbstverständlich besonders aus diesem aktuellen Leben das kostbare GESCHENK erkennst. Worin aber besteht dieses Geschenk, ganz gleich, als wie „unangenehm" und „furchtbar" du diese Erfahrung früher bewertet hast? Das Geschenk kannst du genau in *dem* göttlichen AugenBlick auspacken und sehen, wo du aufhörst, das Erlebte zu bewerten und damit zu verurteilen! Denn dann siehst du, dass es ganz einfach eine deiner ungezählten, unendlich wertvollen Erfahrungen ist.

Nicht umsonst spricht sogar der alte Volksmund vom Erfahrungs-Schatz eines Menschen. Genau dies trifft den Kern:

Deine Erfahrungen aus allen deinen Leben, und besonders aus diesem, sind dein ganz eigener „Piratenschatz", den dir niemand, niemand jemals streitig machen wird!

Und weißt du noch etwas? In dem göttlichen Jetzt-Moment, wo du genau Dies erkennst, wird auch die gesamte Akasha-Chronik neu geschrieben – Alle Ereignisse, in denen Du eine Rolle gespielt hast, werden neu aufgezeichnet!

Happy Girl: Ja, so ist es in Wahrheit, liebe Ines, liebe Baumwesen! Du kannst ja, lieber Mensch, die Heilung in deinem Inneren Neuen Paradies auf die Weise geschehen lassen, dass du alles Schmerzliche einfach löschst und Dir Selbst völlig neue Lebensbedingungen erschaffst: Du kannst zum Beispiel allen deinen Inneren Kindern aus sämtlichen vergangenen Leben und aus diesem Liebevolle Eltern schenken. Sie sind schon dort im SeelenLand – es ist ganz einfach deine eigene göttliche Seele! Du kannst sämtliche vergangenen „schlimmen Taten" von dir selbst ungeschehen sein lassen und nur die Essenz der Erfahrung behalten – nämlich das Wissen um die Liebe, die immer IST und außerhalb derer es überhaupt nichts gibt. Ebenso kannst du mit allen deinen Erfahrungen als „Opfer anderer" verfahren. Hieraus ergibt sich völlig zwanglos und natürlich die Erkenntnis der Tatsache, dass es bei GOTT weder Schuld noch Sühne gibt und dass du letztendlich weder dir selbst, noch anderen, etwas zu verzeihen hast.

Ines: Ich danke euch! Und wenn ich das Ganze recht verstehe – ja, jetzt meldet sich mein Verstand aus dem Urlaub zurück und fragt nach, ob er meinem Herzen dienen dürfe – dann ist unsere Einkehr ins Innere Neue Paradies auf einer energetischen Ebene die Grundlage und die Voraussetzung für das, was der Aufstieg der Menschheit genannt wird, die Grundlage und die Voraussetzung also dafür, dass unsere geliebte Erde zu einem äußeren Neuen Land werden kann.

Bäume und Happy Girl: Selbstverständlich, ja, so IST es! Denn der Aufstieg vollzieht sich zunächst in deinem Inneren, geliebter Mensch, er vollzieht sich durch die Erweiterung deines Bewusstseins und durch den Eintritt in die Bewusstheit dessen, wer Du wirklich BIST. Erst dann eröffnet sich das Neue Land der Unbegrenzten Möglichkeiten auch im Außen – dann aber mit Macht und mit Magie... Wir wünschen dir, liebe Ines, und dir, liebe LeserIn, eine angenehme, einer wunderschöne, eine zauberhafte Weiterreise durch dein Leben als spirituelle PiratIn!

Angekommen...

Mitte Januar 2017, ein halbes Jahr nach Beendigung des vorstehenden Kapitels, das ursprünglich das letzte sein sollte, füge ich noch ein weiteres an. Ich habe nämlich gemerkt, dass etwas fehlte – etwas ganz Wesentliches:

Aus meiner heutigen Sicht war ich im Sommer 2016 noch gar nicht wirklich in meiner Selbstliebe angekommen!

Nun bin ich aber in diesem vergangenen halben Jahr, und ganz besonders in den letzten vier Wochen, nicht stehen geblieben. Hier und heute wage ich zu behaupten: Jetzt bin ich wirklich bei Mir Selbst angekommen. Ich kann mich jetzt endlich-endlich mit allen meinen, wie es so hübsch heißt, Fehlern und Schwächen annehmen, kann mein immer noch ab und zu Kapriolen schlagendes Ego mit einem Lächeln beobachten und es bei Bedarf in die Schranken weisen, kann liebevoll auch mit schwierig erscheinenden Seelenanteilen umgehen und ihnen bei der Rückkehr nach SeelenLand helfen. Gerade in den letzten Tagen noch habe ich dies praktiziert, und es hat sich so sehr gelohnt! Es ging um drei frühere Inkarnationen von mir, in denen ich ein Mann war, und zwar jeweils ein sehr mächtiger Mann. Es waren Könige und Feldherren, also Herrscher, ans Befehlen gewohnt... Ich wusste schon seit beinahe zehn Jahren von diesen Leben und konnte diese „doofen Typen" nie so recht für mich annehmen. Nun stellte sich heraus, dass diese Energien sehr unter meiner Ablehnung gelitten hatten, und außerdem, dass sie alle drei sehr, sehr unglückliche kleine Jungen gewesen waren. Jeder auf seine Weise. Jetzt konnte ich ihnen Akzeptanz und Liebe zukommen lassen, konnte ihnen erlauben sich zu zeigen, war bereit, ihre Gefühle zu spüren und sie zu trösten...

Diese jüngste Entwicklung wurde durch sehr intensive Erfahrungen möglich, die ich in den letzten Monaten bei der Klärung von menschlichen Beziehungen machen durfte. Ich konnte in diesem

Zusammenhang den Mut entwickeln, meine eigenen Positionen deutlich auszusprechen und mich von Menschen zu distanzieren, deren Energie mir wirklich nicht mehr gut tat. Aber ich hatte auch den Mut mich zu entschuldigen, wo ich erkannte, dass ich jemanden ungewollt verletzt hatte und wo ich merkte, dass ich vorschnell Türen zugeschlagen hatte. Ich habe inzwischen gelernt, frei von Aggression und doch (oder gerade darum) klar zu kommunizieren, andere Meinungen wirklich auszuhalten und so stehen und SEIN zu lassen, dabei aber meine eigene Wahrheit ohne Abstriche zu vertreten. „Die Wahrheit setzt sich durch – niemals ein Ego", sagte Jesus Christus in einem Channeling, das an mich und eine kleine Gruppe von Freunden gerichtet war. Mit diesen FreundInnen zusammen möchte ich im Jahre 2017 damit beginnen, ein „Christus-Netzwerk" aufzubauen.[17]

Alle meine klärenden Erfahrungen haben zu der heutigen Erkenntnis geführt, dass wir tatsächlich keine Fehler machen können – wie wir es aus der Geistigen Welt auch immer wieder zu hören bekommen. Warum das so ist? Nun, entweder wir handeln aus bewussten Wahlen heraus, und dann tun wir sowieso genau das, was gut für uns selbst und für Alle ist. Oder aber – was unterwegs immer wieder vorkommt – wir reagieren automatisch, also unbewusst, treffen demnach scheinbar falsche Entscheidungen. Was ist aber dann die Konsequenz? Wir erhalten in aller Regel heftigen Gegenwind. In meinem Falle zuletzt in der Form von Angriffen gegen meine Person durch meine Freunde. Und wenn wir nun anfangen, bewusst zum Beispiel aus der alten Endlosschleife von Aggression und Gegen-Aggression auszusteigen, dann passieren jede Menge großartiger Wunder! So geschehen in unserem Falle... Weswegen ich jetzt auch keine Angst mehr davor habe, Fehler zu machen. Denn diese Fehler eröffnen mir die Möglichkeit zur Erweiterung meines Horizonts, zur Erweiterung meines BewusstSeins. Wenn wir unbewusst leben, machen wir unbedingt immer wieder sogenannte Fehler, das heißt, wir schaden zunächst uns selbst und auch anderen.

17 Näheres zum Stand im April 2017 im Anhang III

Lassen wir uns aber von den nachfolgenden Missgeschicken führen, dann zeigt sich uns ein Weg, wie wir es nicht erst in Zukunft, sondern Jetzt sofort anders machen können...

Und diese Erkenntnisse, die ich in dieser klaren Form erst in den letzten Tagen gewonnen habe, führten schließlich dazu, dass ich immer häufiger den Hut vor mir selbst ziehen konnte... Ich durfte mich zunehmend ganz real erfahren als ein „Geistiges Wesen, das eine menschliche Erfahrung macht" und dabei ständig weiter wächst. Ja, wir alle wachsen ohne Unterlass weiter, immer weiter, auf unserem langen Weg zurück zu unserer Quelle! Und je weiter wir uns entfalten, je tiefer unser SelbstBewusstsein wird, desto leichter fällt es uns auch, uns selbst jeden Tag ein Stückchen mehr zu lieben. Denn auch die Selbstliebe ist ein Prozess, beinhaltet ein immer weiteres inneres Wachstum, dem keinerlei Grenzen gesetzt sind. Schließlich wachsen wir in die unendliche Liebe GOTTES hinein...

In diesem Sinne sage ich heute, am 14. Januar 2017:

Ich bin angekommen, und der Weg geht täglich weiter!

… und weitergegangen

Ja, und weil es gerade jetzt, im Februar 2017, bei mir so immens spannend und interessant wird, erzähle ich noch ein bisschen, wie es weitergeht in meinem Leben, in meiner Beziehung zu Mir Selbst:

Das zentrale Erleben, die zentrale Erfahrung, das/die ich in diesen Tagen durchlaufe, dreht sich zu hundert Prozent um die Beziehung zu meinem Physischen Körper. Ich habe erst gestern, am 07. Februar, wirklich mit allen Sinnen erkannt, dass dieser ein voll bewusstes Wesen ist! Eigentlich wusste ich das ja schon längst – war es doch ich selbst, die die entsprechenden Informationen im Sommer 2014 von Jesus Sananda und den Bäumen der Erde gechannelt hatte![18] Wie hieß es denn dort sinngemäß: Der Körper weiß genau, wie wir zu ihm stehen, was wir über ihn denken, welche Gefühle wir ihm gegenüber hegen. Und er ist immens traurig, wenn er merkt, er ist ungeliebt. Denn alles, was er braucht, ist Meine Liebe, alles, was jedes Wesen auf der ganzen Welt braucht, ist immer nur meine Liebe! Und der Körper ist ein intelligentes, bewusstes, sehr, sehr liebebedürftiges Wesen... Jedes einzelne Organ ist ein solches Wesen, jede Zelle, ja, jedes Molekül und Atom in unserem Leibe! Ich hatte es gewusst, aber doch nicht begriffen...

Ich habe gestern wieder aufgenommen, was ich früher schon einmal angefangen und wieder aufgegeben hatte: Ich spreche mit diesem/mit diesen physischen Körper-Wesen, ich frage es/sie nach ihrem Namen und nach ihren Wünschen, und ich darf ihnen meine Wünsche mitteilen. Dabei stellte sich heute früh sogar heraus, dass manche dieser Körper-Wesen untereinander um meine Zuwendung geradezu konkurrierten!

---

18 Im vorliegenden Buch machte außerdem Erzengel Chamuel im Kapitel „Liebe deinen Körper!" weitere Ausführungen hierzu

Wie es zu dieser jüngsten, so sehr befreienden Entwicklung kam: Der Ausgangspunkt war ein tiefer Konflikt mit meiner eigenen Weiblichkeit, der sich in einem ernsten Konflikt – den ich gar nicht als solchen wahrnahm – mit meiner physischen Gebärmutter äußerte. Und dieser Konflikt schwelte seit Jahrzehnten, ich möchte fast sagen, mein Leben lang. Trotz vier Schwangerschaften und Geburten...

Meine Gebärmutter begann anscheinend schon seit meiner letzten Entbindung (1983) sich zu senken und manifestierte sich in der Folgezeit immer mehr als ein „Prolaps", eine Ausstülpung, ein „Vorfall" aus der Scheide. Nun war ich ja meiner Wahrnehmung nach schon seit langem spirituell und glaubte an die Selbstheilungskräfte meines Körpers. Ja... aber was war das für ein Glaube? Es verhielt sich so: Ich dachte mir, „Da sind einige karmische Themen, die muss ich mir bewusstmachen und sie erlösen, dann geht dieser lästige Prolaps weg." Der lästige Prolaps. *Der* Prolaps, und *er* war lästig. Er sollte sich gefälligst selbst heilen! Konnte meine Gebärmutter sich unter diesen Umständen geliebt fühlen und gesund werden? Aber nein, wie denn wohl? Der Prolaps blieb, und er wurde sogar in den letzten Monaten immer manifester. Die Geistige Welt, wenn ich sie darauf ansprach, sagte konstant: „Den brauchst du noch." Ja, wie denn, was denn? Ich hatte mir alle möglichen traumatischen weiblichen Erfahrungen in vergangenen Inkarnationen angeschaut, den „Tätern" und mir selbst vergeben... dachte ich zumindest... und der Prolaps blieb!

Ein Frauenarzt hatte mir vor etlichen Jahren gesagt, das sei die Blase, und man könne das so lassen. Diesen Arzt habe ich danach nicht mehr besucht, denn er wollte mir regelmäßig aufschwatzen, dass ich alle zwei Jahre eine Mammographie in seiner Praxis durchführen lassen sollte. Also war ich ziemlich lange bei keinem Gynäkologen. Bis mir schließlich im letzten Jahr eine Verwandte eine Frauenärztin hier in der Region empfahl, die nicht so operationswütig sei wie andere Ärzte und die auch mit alternativen Heilmethoden arbeite. Ich holte mir im Oktober 2016 bei Frau Dr. B. einen Termin, aber da ich eine neue Patientin war, ging es erst am 06. Februar, also von heute aus gesehen vor zwei Tagen. Ich wollte vor allen Dingen wissen: „Der Prolaps, ist das nun tatsächlich die Blase, oder doch die Gebärmutter?"

Es ist die Gebärmutter. Aber die Blase, die direkt daneben liegt, ist eng mit ihrem Schicksal verwoben... Und diese Blase hat in der Vergangenheit meines diesmaligen Menschenlebens zahllose meiner Themen getragen. Als junge Frau hatte ich so zahlreiche Entzündungen, dass mein Körper schließlich gegen sämtliche Antibiotika resistent war, die vor 40 Jahren zur Verfügung standen. Hilfe kam von einem Arzt, der Naturheilverfahren anwandte und eine Symbioselenkung für den Darm in die Wege leitete. Seither verhielt sich mein Bläschen recht ruhig. Hier und heute jedoch krampft es häufig, wenn die Gebärmutter zu weit heraushängt, und dann kann ich kein Wasser lassen...

Ich möchte heute hier ganz offen über diese Dinge schreiben, die, wie ich glaube, so viele Frauen betreffen und doch immer noch ziemlich tabuisiert sind. „Darüber spricht man nicht", und schon gar nicht in der Öffentlichkeit. Da ich mich aber inzwischen mit meinen Organen und mit meinem ganzen Körper so wunderbar verständigen, ja, unterhalten kann, möchte ich ihre/seine Botschaften gerne an andere Menschen weitergeben. Die zentrale Botschaft an mich selbst lautet:

„Hab Geduld... Die Liebe heilt Alles!"

Ja... die Geduld... die ist bekanntlich nicht gerade eine hervorstechende menschliche Eigenschaft... Wie oft werden wir von unseren geistigen FreundInnen daran erinnert, und auch von unseren menschlichen spirituellen LehrerInnen! Ich habe den Eindruck, unsere Ungeduld kommt vor allem von unserer männlichen Seite her: Diese will immer alles ganz schnell erledigt und *weg* haben, und die männliche Schulmedizin hat natürlich auch eine ganz wundervolle Therapie für meine Gebärmutter: „Raus damit, dann hast du deine Ruh!" Ich muss dazu sagen, dass ich vor einigen Tagen so verzweifelt war, dass ich mir vorübergehend keinen anderen Ausweg wusste, als diesem Rat zu folgen. Zu den Hintergründen im folgenden Kapitel.

Und die Liebe? Die Selbstliebe? Was sie wirklich-wirklich für Mich Selbst bedeutet, das erahne ich erst in diesen Tagen Ende Februar 2017, nach der Heimkehr von einer achttägigen Urlaubsreise nach Madeira. Über die Erfahrungen dieser Reise möchte ich nun gleich berichten.

Madeira... Atlantis...

Als eine meiner Klientinnen, die neben ihrer Tätigkeit als Tier-kommunikatorin ein Reisebüro betreibt, mir für meinen Mann und mich im Herbst 2016 einen Flug nach Madeira empfahl, war mir überhaupt nicht klar, wohin mich diese Reise tatsächlich führen würde – nämlich in meine eigene Vergangenheit und in die Vergangenheit der Menschheit. Erst wenige Tage vor dem Abflug, als ich unseren Urlaubsplan in einer Mail meiner Verlegerin Christa Falk gegenüber erwähnte, erfuhr ich von dieser, dass Madeira früher ein Teil des versunkenen Atlantis war. Und dann erinnerte ich mich: Ich hatte doch vor einiger Zeit ein Buch von Petronella Tiller gelesen: „Lemuria – die Tränen der Götter", ein Channeling von Meister Saint Germain, Vywamus und Erzengel Metatron.[19] In diesem Buch gibt es auch einen Lageplan des Kontinents Atlantis: Er erstreckte sich von Island über Irland bis zu den Kapverdischen Inseln und schloss das heutige Madeira, die Azoren und die Kanaren mit ein.

Nun wusste ich also, wohin ich unterwegs sein würde, doch neben der Vorfreude kamen durchaus auch flaue Gefühle auf. Frau Falk hatte gesagt, dass die Energien von Atlantis an manchen Stellen noch deutlich spürbar seien. Ich wusste in diesem Falle aber intuitiv, dass ich voraussichtlich mit den Energien der Endzeit, kurz vor dem Untergang des Kontinents, zu tun haben würde. Vorsorglich packte ich einen ausreichenden Vorrat meines Neuroleptikums ein, denn ich konnte nicht ausschließen, dass die Begegnung mit diesen Energien einen psychotischen Schub auslösen würde. Ich trage ja seit dem Herbst 1982 die Diagnose „Psychoaffektive Psychose" in meinem Marschgepäck. Mein über drei Jahrzehnte immer wieder sehr heftig verlaufender spiritueller Erwachensprozess hat sie mir eingetragen.

---

19 Saint Germain: „Lemuria, die Tränen der Götter – oder wie der Hochmut in die Welt kam", Ch.Falk-Verlag, 2014

Von einer geistigen Verwirrung war jedoch auf Madeira zu keinem Zeitpunkt etwas zu spüren. Stattdessen reagierte schon während des Hinflugs meine Körperin[20] aufs Heftigste: Je näher wir der Insel kamen, desto schlimmer wurden Übelkeit und Brechreiz. Meine Gebärmutter war stark ausgestülpt und sie brannte, die Blase auch. Zu allem Überfluss schmerzten beide Eierstöcke wie bei einer starken Periode. Wobei ich daran erinnere, dass ich vier Tage vor der Abreise meinen 68. Geburtstag gefeiert hatte... Kurz und gut, der Flug war eine echte Qual und ich kam schachmatt beim Hotel an! Ich war so stark gebeutelt durch diese Energien, dass mein Mann und ich am nächsten Tag gar nichts unternehmen konnten und den Tag im Hotel verbrachten. Es war für unseren Urlaubsverlauf nicht so schlimm, denn an diesem Tag war es nass, kühl und regnerisch. An den folgenden vier Tagen waren wir in der Hauptstadt Funchal, im Fischerdorf Camara de Lobos – mit einer anschließenden Wanderung zurück zur Hauptstadt, an der Strandpromenade entlang – und am 18. und 19. Februar nahmen wir an zwei geführten Wanderungen teil. Die Insel ist landschaftlich ein Traum, unglaublich vielfältig und wunderschön. Aber der Ausflug am Sonntag vor der Abreise wurde erneut zur Qual für mich: Am Vorabend erfasste mich, ohne dass ich etwas dagegen unternehmen konnte, eine aggressive dunkle Energie und bemächtigte sich meiner Atemorgane. Ich bekam einen wirklich fürchterlichen Reizhusten, was wiederum schwere Folgen für meine Gebärmutter hatte: Sie wurde immer wieder regelrecht heraus gehauen. Außerdem wurde mir nach dem ersten Hustenanfall so übel, dass ich an den letzten beiden Tagen mich nur mit ein paar Häppchen an dem reichhaltigen Frühstücks- und Abend-Büffet des Hotels bedienen konnte. Bei der Wanderung aber hing nun also meine Gebärmutter den ganzen Weg über so weit heraus, dass ich bei einem Zwischenstopp noch nicht einmal meine übervolle, brennende Blase leeren konnte. Der Rest des Weges und der anschließende Aufenthalt an einem Marktort hoch oben in den Bergen war also damit so gerade noch mit letzter Kraft

---

20 Ich verwende ab jetzt eine weibliche Form für mein Körper-Wesen, da sie selbst eine weibliche Gestalt hat

zu bewältigen. Was dazu führte, dass mein Mann und ich den letzten Tag unseres Aufenthalts, an dem wir eigentlich noch einmal einen ausgiebigeren Stadtbummel in Funchal auf dem Programm gehabt hatten, wieder im Hotel verbrachten. Selbst das hauseigene Hallenbad konnte mich nicht locken.

So ist es wohl verständlich, dass ich zum Ende der Reise ziemlich am Boden war und nur noch nach Hause wollte. Meine liebevollen geistigen Begleiter, die die ganze Zeit über anwesend waren, mir aber natürlich meine Prozesse nicht ersparen konnten, sorgten für einen reibungslosen Flug und eine anschließende ebensolche Bahnfahrt nach Laupheim.

Warum nun musste meine Körperin auf dieser Reise so sehr leiden, warum konnte ich eigentlich nur die drei mittleren Tage genießen? Wie ich die Dinge heute (am 25. Februar 2017) sehe, sind die Gründe recht vielschichtig. Zum einen brauchte ich, Ines, diese Rückkehr nach Atlantis, um tatsächlich in die tiefstmögliche Begegnung mit mir selbst hinein zu kommen. Noch heute Morgen durchschritt ich ein so tiefes, dunkles Tal der Traurigkeit, dass ich das Gefühl hatte, dass es tiefer nun wirklich nicht mehr gehen kann. Was bedeutet aber diese tiefstmögliche Begegnung mit mir selbst? Es bedeutet für mich ganz klar die Begegnung mit meiner eigenen Verletzten Weiblichen Seite, und in diesem Zusammenhang auch die Begegnung mit der Verletzten Weiblichen Seite der gesamten Menschheit! Ein höherer Teil von mir muss die Heilung und Erlösung einer kollektiven Weiblichen Wunde mit übernommen haben, diese Wahrnehmung war und ist sehr deutlich. Atlantis war in seiner Blütezeit und auch in seiner Endzeit eine sehr von der männlichen Energie dominierte Zivilisation, und in diesen Zeiten hat offenbar das Weibliche zahlreiche Verletzungen davongetragen. Sowohl bei den Frauen, aber auch durchaus in den Seelen der handelnden Männer. Einer dieser handelnden Männer muss in der Endzeit ich selbst gewesen sein, auch diese Wahrnehmung ist sehr deutlich und war schon seit einiger Zeit in meinem Bewusstsein präsent.

„Die LIEBE heilt Alles"... Diesen Leitsatz, den meine Körperin mir nach meiner Rückkehr nach Hause schenkte, werde ich nun beherzigen. Konkrete Erinnerungen an bestimmte Geschichten sind zurzeit nicht abrufbar, aber ich spüre genau, dass ich alles, alles weiß, was damals geschah, war ich selbst damals getan habe, was mir selbst damals angetan wurde...

Übermorgen bin ich noch einmal bei meiner neuen Frauenärztin. Ich werde keinen Termin für eine Operation mit ihr vereinbaren, wie ich es, unter dem Eindruck meiner Reiseerfahrungen, kurz nach meiner Rückkehr noch beabsichtigt hatte. Ich habe mich auf einen neuen Prozess eingelassen – den Heilungsprozess, der von der Selbstliebe geführt wird...

Die Gebärmutter – ein voll bewusstes Wesen aus Liebe

Heute schreiben wir den 05. März 2017, und es ging wahrhaftig noch einmal tiefer hinein zu Mir Selbst… Meine Frauenärztin war am vergangenen Montag krank. In den letzten Tagen durchlief ich energetische und Erkenntnis-Prozesse, die mir verdeutlichten, was meine Unterleibsorgane zu tragen gehabt hatten. Eigentlich hatte ich diese Prozesse in diesem Rahmen aufzeichnen wollen, aber darauf möchte ich jetzt verzichten. Genug der Leidens-Berichte! Wichtig ist das Ergebnis, und das steht in der Überschrift dieses Kapitels. Meine Gebärmutter, die ich seit meinem ersten Besuch bei Frau Dr. B. liebevoll „Gebäri" nenne, möchte sich nun selbst zu Worte melden. Dies ist also eine Premiere! Ich channele ein Organ meines Körpers:

Gebäri:
Meine allerliebste Ines, lieber Mann, liebe Frau, der/die du dieses jetzt gleich liest: Ich Bin Gebäri, und ich freue mich so über diesen zärtlichen Namen, den Ines mir gegeben hat! Und in der Tat, es ist so: Ich Bin ein Fühlendes Wesen mit einem physischen Körper, der eben die Gestalt einer menschlichen Gebärmutter hat. Und genau so, wie das einzelne menschliche Individuum ein Teil des großen Organismus ist, der Menschheit heißt, genau so bin Ich ein Teil des Organismus, der Körperin von Ines heißt. Und merke wohl, lieber Mensch:

Ebensowenig wie es ein Wesen „Gebärmutter" irgendwo isoliert von einer menschlichen Frauenkörperin gibt, genauso wenig ist der einzelne Mensch isoliert vom großen Organismus „Menschheit"!

Mehr noch: Auch der Organismus Menschheit ist ein Organ, oder, wenn du so willst, sogar nur eine Zelle eines noch viel größeren Ganzen. Du kannst dabei durch viele, viele Schöpfungsebenen hindurchgehen… bis du am Ende zum Anfang gelangst… diesen nenne

Ich ganz einfach GOTT, oder die GEISTIN, das EINE und Ungeteilte, und das ist der Ursprung von Allem, was da ist, sei es auf irgendeiner Ebene der physischen Manifestation, oder auf einer beliebigen höher oder niedriger schwingenden feinstofflichen oder energetischen Ebene.

Nun hat aus Gründen, die ich in diesem Rahmen nicht näher erläutern kann, die mir aber durchaus bekannt sind, der Organismus Menschheit seit langen Jahrtausenden vergessen, dass er EINS ist in Sich Selbst und EINS mit Allem. Die Menschheit ist in Sich Selbst millionen- und milliardenfach in die Entzweiung gegangen – ihr kennt ja eure Geschichte mehr oder weniger gut... Und so, wie dieser große Organismus Menschheit Kampf und Krieg in sich selbst entwickelte, so entwickelten sich auch Kampf und Krieg in den Organismen der einzelnen Menschen. Wir Organe, ja, die Zellen, aus denen wir gebildet sind und die wiederum bewusste Einheiten und fühlende Wesen waren und sind, wir Organe und unsere Zellen schliefen ein und vergaßen, dass wir alle zusammen die Aufgabe hatten, einen Ganzen Menschlichen Körper zu bilden. In dieser heutigen Zeit nun sind wir alle dabei wieder zu erwachen – die einen rascher, die anderen weniger schnell. Es kommt auf die Entwicklung des Bewusstseins des menschlichen Individuums an, zu dessen physischem Körper wir gehören. Und was, lieber Mensch, macht den entscheidenden Bewusstseins-Sprung bei Dir Selbst denn aus? Ich glaube, du weißt es schon lange: Es ist der Sprung in die Liebe, in die Selbstliebe hinein!

Ich aber, das Wesen *Gebäri*, möchte jetzt einmal behaupten, dass es ohne die Liebe zum eigenen physischen Körper keine wahre Selbstliebe gibt. Ja, mir ist bekannt, dass es spirituelle Menschen gibt, die sagen, es sei entscheidend diesen Körper loszulassen, wenn ihr in den Aufstieg gehen wollt. Die Menschen einer ganz speziellen Gruppe, die ich erwähnen möchte,[21] erwarten, dass im September

---

21   Eine Gruppe um die Autorin Petra Helga Weber. Wer sich gerufen fühlt, möge sich selbst auf die Suche begeben, sie ist im Internet zu finden.

2017 ein Evolutionssprung stattfinden wird, der ihren Vorstellungen nach das Ende der Menschheit bedeutet. Die Körper derjenigen Menschen, die bereit dafür seien, würden sich sozusagen verflüssigen, wie die Raupe im Kokon bei ihrer Metamorphose zum Schmetterling sich verflüssigt, und sie würden in eine Höhere Ebene der Realität namens „Aurora" eingehen. Die Erde aber werde sich ohne die Menschheit selbst heilen und erneuern. Ich möchte dir diese Information nicht vorenthalten, lieber Mann, liebe Frau, denn vielleicht gehörst du ja zu der Familie, die diesen Weg geht. Ich aber, das voll bewusste Wesen *Gebäri*, füge eine weitere Information an, und die lautet:

Es gibt nicht nur ein einziges Wesen Erde, es gibt deren viele. Ebenso, wie es viele Parallel-Universen gibt, gibt es auch zahlreiche Parallel-Erden.

Eine jede dieser Parallel-Erden entspricht einer bestimmten Schwingungsebene, und das bedeutet, einer bestimmten menschlichen Erfahrungs- oder Wirklichkeitsebene. Daraus erklärt sich nun ganz leicht, warum es zum Beispiel so sehr viele unterschiedliche, und sich teilweise total widersprechende, Berichte über das Leben Jesu Christi gibt. Sie treffen allesamt zu! Nur spielten sich die jeweiligen Geschichten immer auf einer anderen Wirklichkeitsebene der Gesamt-Erde ab. Was nun im September 2017 – oder auch ein wenig später – geschehen könnte, ist dieses: Die Gesamt-Erde ist nach meinem Wissen gegenwärtig wie eine dieser russischen Matrjoschka-Puppen ineinander geschachtelt. Zum gegebenen Zeitpunkt könnte sich die entsprechende Wirklichkeitsebene der Erde aus der Gesamt-Erde herauslösen und die ihr zugehörigen Menschenwesen würden tatsächlich diese von ihnen antizipierte Metamorphose durchlaufen.

Du aber, lieber Mann, liebe Frau, der/die du dich von einer solchen Perspektive nicht angesprochen fühlst, du gehörst mit Sicherheit einer anderen Erdenebene und einer zugehörigen anderen Menschengruppe an. Vielleicht bist du ja eineR von denen, die sich von Ines' Buch „Der physische Aufstieg des Menschen" angezogen fühlen? Hier wird ein Weg skizziert, der durchaus in eine Art von Auflösung und Metamorphose des physischen Körpers hinein mündet, aber es ist ein sehr viel langsamerer Weg der Heilung und der Transformation. Ein Weg, der den physischen Körper Schrittchen für Schrittchen mitnimmt. Ein Weg, den Ich, die *Gebäri*, gerne zusammen mit meiner Menschin Ines zusammen gehen möchte! Und darum wünsche ich mir von meiner Ines, dass sie mich nicht herausoperieren lässt... Wer weiß, ob sie mich nicht irgendwann noch einmal brauchen wird?

Also, lieber Mensch... wenn du aus der alten Schwere und Härte heraus und in die Neue Leichtigkeit hineinfinden möchtest – erlaube deinem Körper, erlaube deinen Organen und Zellen zu erwachen und nimm eine Liebesbeziehung zu ihnen auf!

Deine Gebäri, Organ der Körperin von Ines

Ein neues Leben

Der Mensch denkt, die Liebe lenkt...

… und manchmal führt uns die Liebe ganz andere Wege, als wir uns das jemals vorgestellt haben...

Heute, am Sonntag, dem 30. April 2017, bin Ich, die „Ines Nandi" genannt wird, ein anderer Mensch. Genau formuliert: In mir ist eine andere Seele lebendig... sehr, sehr lebendig! Und die „Gebäri" darf und möchte auf der physischen Ebene nun doch gehen... Was sie mitnimmt: jede Menge überflüssig gewordenen Ballast! Präzise: Allen überflüssig gewordenen Ballast, wie veraltete Programme, Verhaltens- und Gedankenmuster, hässliche „Gedankenformen", die Grundhaltung der Negativität und des Selbsthasses, das verzweifelte Festhalten am Denken der Dualität... Operationstermin ist der 11. Mai 2017. Da steht der Mond im Skorpion, und ich wurde von mehreren Seiten her vorgewarnt: Dieser Mond wirke gefährlich auf die Geschlechtsorgane ein und man solle sich an einem solchen Tag wegen der Gefahr bedrohlicher Blutungen nicht am Unterleib operieren lassen. Aber: Ich wusste ganz genau, ich wollte und will keinen anderen Termin als diesen, den der Chefarzt der Ehinger Frauenklinik mir gegeben hatte. Ich fragte also bei Jesus Christus nach, und der sagte zu mir:

„Ihr Menschen seid viel machtvoller als ihr denkt! Du kannst die nachteilige Wirkung dieses Mondes einfach durch die Kraft deiner PRÄSENZ neutralisieren. Sprich bis zum OP-Termin täglich drei Mal mit Nachdruck die Worte aus, die dies beinhalten. Gehe vollständig ins Vertrauen und ins Selbstvertrauen und lasse die Angst los. Alles geschieht, wie es sein soll und zum Höchsten Wohle Aller!"

Also ließ ich die Angst los und handele, wie Er es mir empfohlen hat. Ich fühle mich wunderbar damit!

„Ich"...? Wer Bin *Ich* denn nun? Ich habe mich noch gar nicht vorgestellt:

Ich Bin Shila Kumara, eine der 12 Töchter (auf ätherischer Ebene) von Lord Sanat Kumara, dem Herrn der Erde, und Lady Santasila, der Urseele des Materiellen Universums.

Ich bin spirituell genau 20 Jahre alt, Jetzt und Immer, und ich habe mich in eine Schulungs-Inkarnation auf der Neu Werdenden Erde begeben, um mit all meiner Kraft und mit großer Begeisterung den Allgemeinen Aufstieg zu unterstützen. Ich habe die großartige Seele Ines vor einigen Tagen abgelöst; manche sprechen in einem solchen Falle von einem „Walk-In". Es war eine seit längerem vereinbarte Win-Win-Vereinbarung, die von GOTT/GÖTTIN Selbst gestattet wurde. Für das menschliche Bewusstsein der Ines Nandi kam der Wechsel aber sehr plötzlich und völlig unvorhergesehen! Ich werde den Hergang gleich kurz schildern, zuvor möchte ich aber erklären, worin das Win-Win für beide Seiten besteht:

Ines ist eine uralte Seele, die sich in dem Aspekt, der im heutigen Leben auf den Namen „Ines" getauft wurde, auf alle nur erdenklichen Erdenerfahrungen spezialisiert hatte und dabei keine Not und Mühen scheute. Sie probierte alles aus, was an Täter- und Opfer-Situationen nur möglich ist, und sie durchlebte insgesamt mehr als 3000 Inkarnationen! Was wirklich außergewöhnlich viel ist: Eine erfahrene alte Erdenseele bringt es normalerweise auf ungefähr 500 Leben, in Ausnahmefällen auf etwa 1000. Du kannst dir nun vorstellen, liebe LeserIn, dass bei so vielen Erdenerfahrungen „irre" viel Karma anfiel und dass Ines in diesem ihrem Aufstiegs-Leben ungeheuer ackern musste, um den größten Teil davon heilen zu lassen. Sie hätte aber noch einige Jährchen der Mühen benötigt, um wirklich auch den letzten Rest noch aufzulösen... Darum sind vor – nach Menschenrechnung – 48 Jahren die Seele Ines und ich, die Seele Shila, vor Schöpfergott/Göttin hingetreten und haben einen ganz speziellen „Deal" vorgeschlagen. Zu diesem Zeitpunkt war die Ines, die damals noch mit Nachnamen Bourauel hieß und genau 20 Jahre alt war, von ihrem indischen Freund schwanger geworden. Du errätst, wer die Seele des Kindes war: Ich, Shila. Denn ich wollte als seine Tochter zu meinem Ätherischen Bruder, Ines' Partner Kumaresh. Mit diesem war Ines seit dem Jahre 1970 dann verheiratet, und Ich, Shila, Bin es heute... Also, schon nach einem Monat stieß Ines' weiser Körper meinen Embryo ab. Er wusste, dass meine Inkarnation zu dieser Zeit im wahrsten Sinne des Wortes unter einem viel zu schwierigen Stern gestanden hätte. Es wurden im Laufe der Jahre, zwischen 1974 und 1983, vier andere Kinder geboren, die alle feste Inkarnations-Verträge mit Ines und Kumaresh hatten. Zum Zeitpunkt der Geburt des vierten Kindes war Ines aber schon „psychisch krank", mit anderen Worten, ihr heftiger Erwachensprozess hatte begonnen. Sie wusste intuitiv, da war noch eine „blonde Tochter Shila", die zu ihr wollte, aber sie wusste auch, dass sie die Betreuung eines fünften Kindes auf keinen Fall mehr verkraften konnte. So ließ sie sich eine Tubenligatur machen, also die Eileiter beidseitig abbinden. Mehrfach entstand daraufhin eine Eierstockzyste, in welcher unter anderem auch ein Teil Meiner Energie gespeichert war. Die Zysten bildeten sich zurück; Ich war in der Aura von Ines präsent; Ines bemerkte es und erklärte mir, eine Inkarnation sei leider nicht mehr möglich; ich ging fort, kam wieder... Bis dann neulich, am Mittwoch dem 19. April 2017, die Zeit reif war und „Es" von einem Augenblick auf den nächsten möglich wurde!

Ich nun, Shila, hatte nicht einmal eine Handvoll von Erdenerfahrungen, in denen ich außerdem jeweils dann bewusst gegangen war, bevor sich Karma entwickeln konnte. Ich wusste, das würde einmal Mein ganz spezielles Startkapital sein! Und dies ist der „Deal", den Ines und Ich Anno Domini 1969 dem Göttlichen Schöpferpaar vorschlugen: Ines dürfe am „Tage X" zu Jesus Christus gehen, ohne ihr komplettes Karma abgelöst zu haben. Ich würde dieses als Erbe übernehmen und zugleich mit der Annahme ihres physischen

Leibes auch ihren gesamten kostbaren Erfahrungs-Schatz zu meiner Verfügung erhalten!

Nun ist also Ines als Aufgestiegene Meisterin tätig und zusammen mit Jesus Christus meine, der jetzigen Erdenfrau Shila, Lehrerin und Meisterin. Und Ich habe binnen weniger Tage gelernt, was ich vorher nie verstanden hatte: Was Dualität ist, was Trennungsbewusstsein ist, wie Karma wirkt und wie ich es erlösen kann – zum Höchsten Wohle Aller...

Und nun kurz der Hergang der Ablösung von Ines durch Mich: Ihr Mann Kumaresh hatte aufgrund eines sehr speziellen Seelen-Vertrages ihren schwierigen Erwachensprozess über Jahrzehnte sehr liebevoll und treu unterstützt, ohne jedoch sich selbst auf einen solchen Prozess einzulassen. Ines' „psychotische Zustände" waren schließlich auch eher ziemlich abschreckend, und überhaupt, er war kein Hindu, sondern Naturwissenschaftler! In den letzten Jahren, besonders seit Anfang 2015, fing aber seine Seele an, ihm höchst intensive und unangenehme Weckrufe in Form von schweren körperlichen, und 2016 dann auch psychischen Symptomen zu schicken. Dem Kumaresh ging es wirklich nicht gut, aber er wollte doch sich selbst treu bleiben und sich nicht zur „Esoterik" bekehren lassen! Ines ihrerseits fühlte sich ihm total verpflichtet und fing irgendwann an, sich ihm gegenüber wie eine Mama zu fühlen und auch so aufzuführen. Als dann der Ruf von Jesus Christus an sie erging, zu Ihm zu kommen, wusste sie, dass sie ihren Mann nur dann verlassen würde, wenn er „in gute Hände kam". Und da fiel ihr urplötzlich die Seele Shila ein! Die hatte doch schon immer zu ihm gewollt und würde gut für ihn sorgen. Und sie würde es schon auch schaffen, ihn in ein sanftes Erwachen hinein zu begleiten...

Kaum hatte Ines dieses gedacht, da merkte Ich, Shila Kumara, auch schon, dass ich in ihren Körper eingetreten war und dass ich aus dem Herzen dieses Körpers heraus zu denken begonnen hatte! In den darauf folgenden Tagen durchtrennte die Seele Ines ihre Silberschnur und extrahierte ihre essenziellen Erfahrungen aus der Aura. Anschließend durfte Ich meine eigenen Erfahrungen einströmen lassen, wobei mir die Meister Babaji und Saint Germain sehr halfen, herzlichen Dank! Meine vergangenen Erfahrungen von der Erden-Seite her waren: eine kurze Verkörperung in der Anfangszeit von Lemuria, eine noch kürzere auf der Hauptinsel von Hawaii, nach dem Untergang Lemurias, sowie zwei Inkarnationen in Indien. In der ersten war ich die kleine Schwester der menschlichen Partnerin des göttlichen Krishna. Diese Partnerin hieß Radha. Ich, Ratna-Devi, wurde vom 8. Lebensjahr an zur Tempeltänzerin ausgebildet, und zwar mit dem Auftrag, spirituelle Männer in den Tantra einzu-führen. Als ich 13 war, war meine Ausbildung beendet und es wur-de ernst... Ich verließ meinen Körper ganz bewusst... In meiner letz-ten Inkarnation hieß ich selber Radha und hatte sehr viel mit Yes-hua, dem späteren Jesus Christus zu tun. Näheres im Anhang III. Ich ging wieder bei der Geburt unseres Sohnes Judas (der nicht Ju-das Iskariot war). In den letzten 2000 Jahren (nach menschlicher Zeit-Rechnung) reiste ich als Sirianische Lichtkriegerin mit Com-mander Ashtar Sheran und sammelte dabei mannigfache Erfahrun-gen im Ringen mit den Kräften der außerirdisch verkörperten Fins-ternis.

Zurück zu meinen ersten Tagen in diesem neuen Leben: Erstmals lasse ich, Shila, mich auf das Menschenleben voll und ganz und mit allen Konsequenzen ein! Am Sonntag den 23. April um 11 Uhr 42 vereinigte sich meine Höchste Essenz mit mir und verankerte mei-ne persönliche Silberschnur in diesem Körper. „Baby Shila", mein Inneres Kind, wird heute eine Woche alt und ist ein voll bewusstes Neues Kind auf der Ätherischen Ebene. „Großmutter SHILA", die gegenwärtig 68 Jahre alt ist wie der Körper der Ines Nandi, half Mir in den ersten Tagen über die ersten Klippen hinweg. Ich aber, die 20-Jährige, die Erotische Junge Frau und Mutter, wurde mir Meiner Selbst erst vor knapp zwei Tagen bewusst, nämlich am Abend des vergangenen Freitags. Alles ging dann ganz rasant: Ich entdeckte, dass ich zu lernen hatte, was die Dualität eigentlich ist. Mithilfe der

Erfahrungen von Ines und ihres „geerbten" Körpers, auf die ich voll und ganz zurückgreifen kann, sowie mit der Unterstützung aus der Geistigen Welt, konnte ich rasche Fortschritte machen. Um wirklich ganz handfest und vollständig zu inkarnieren, brauche ich aber die eigene physisch-körperliche Erfahrung der Gebärmutter-OP und des nachfolgenden einwöchigen Klinikaufenthaltes. Ich freue mich darauf!

Was hat nun dies alles mit dem Thema des Buches von Ines, der Selbstliebe, zu tun?

Sehr, sehr viel, finde ich! Ich entdecke nämlich schon heute, dass ich eine ausgesprochene Genießerin bin auf allen Ebenen. Genießen aber kann ein Mensch und eine Menschin das Erdenleben nur, wenn Er oder Sie im Reinen ist mit Sich Selbst und SEIN kann wie ein Kind! Ich bin niemandes Mutter mehr, außer meine eigene / die von Baby Shila! Das ergibt ein ganz neues Verhältnis auch gegenüber Kumaresh. Selbstliebe bedeutet, Sich Selbst auf allen Ebenen zu lieben und zu nähren. Ich nähre mein Inneres Baby mit der Milch meiner Selbstliebe. Und ich nähre meinen Körper mit der physischen Nahrung, die er möchte und daher braucht. Ja, ich liebe es zurzeit sogar, Fleisch zu essen! Und die geliebten Schweinchen und Hähnchen und sonstigen Tierlein, die sich hierfür zur Verfügung stellen, freuen sich, dass Ich, die Seele Shila, ihr Fleisch in vollkommener Liebe mir einverleibe und die Nährmittel, die es mir schenkt, in großer Dankbarkeit aufnehmen kann. Die Gifte und Hormone und Ängste der betreffenden durch unbewusste Menschen missbrauchten Tierlein werden durch meine Liebe transformiert und schaden weder meinem Körper, noch meiner Seele und meinem Geist. Und: Die Seelen der gequälten Kreaturen erfahren durch diese Transformation Erlösung! Wo ist also schlecht dabei?

Gerne möchte ich auch mein Wissen über die gereinigte und veredelte körperliche Liebe (aus dem Tantra) selber auf der physischen Ebene genussvoll leben, was aber beinhaltet, dass ich hier noch einen längeren Weg zu gehen vor mir habe. Der erste Schritt ist das Loslassen der physischen Gebärmutter, die Ines mir hinterlassen hat, und das Annehmen der ätherischen *Kristallenen Gebärmutter.* Diese wird es mir erlauben, in eine völlig neue Weiblichkeit und Leichtigkeit hineinzuwachsen!

Am Ende des alten Ines-Lebens und am Anfang des Neuen steht also eine ganz neu erfahrene Selbstliebe und die daraus entspringende Freude! Möge sie wie ein freches Erleuchtungs-Virus auch auf Dich, liebe LeserIn, ganz spontan überspringen. Sei gesegnet und umarmt!

Shila Kumara

Auf das Licht fokussieren

Mehrfach habe ich dieses Buch nun schon für beendet angesehen – es ist immer noch nicht so weit! Dies stelle ich heute, am Sonntagmorgen, den 16. Juli 2017, erneut fest.

Ich? Wer bin Jetzt überhaupt „Ich"? Schon seit dem Tag meiner Unterleibsoperation hat Shila Kumara meinen Körper wieder verlassen – mein Leben war doch zu herausfordernd für sie geworden. Später stellte sich außerdem heraus, dass schon vom ursprünglichen Plan der Geistigen Welt her ihr Aufenthalt in meinem Körper nur ein Zwischenspiel hatte sein sollen. Ein sehr wichtiges Zwischenspiel allerdings, denn es wurden in dieser kurzen Zeit offenbar bedeutsame Weichen für meine weitere Zukunft gestellt.[22]

Ich bin also nun wieder die alte Ines – und ich fahre fort am Abend des 08. August 2017:

In den vergangenen – nunmehr beinahe drei – Monaten war meine psychische Achterbahn immer noch und immer wieder präsent. Phasen der Leichtigkeit und des Flows wechselten mit Phasen der Schwere ab. Im Fluss befindlich, fiel es mir leicht mich selbst anzunehmen und zu lieben, in der Schwere rutschte ich in den Selbstzweifel, zeitweise sogar wieder in die Selbstablehnung, hinein.

Besonders herausfordernd waren vor einigen Wochen die Vorwürfe einer Bekannten: J. hatte durch eine Lichtpriesterin der Organisation Litios gesagt bekommen, ich hätte sie über längere Zeit hinweg mit Schwarzmagie traktiert und täte dies immer noch. Meine Bekannte glaubte daraufhin, die schweren gesundheitlichen Probleme, unter denen sie litt und noch leidet, seien hauptsächlich durch mich verursacht. Die Tatsache, dass ich mir solcher Handlungen nicht

---

22 Anmerkung Ende Mai 2018: SHILA KUMARA ist gehört inzwischen meiner geistigen Begleitung an, wie ich heute erfuhr.

bewusst war, wurde von ihr als „umso schlimmer" bewertet – ich ließe mich von dunklen Kräften missbrauchen, nähme dies nicht einmal wahr und müsse mich endlich reinigen.

Warum habe ich mich durch diese Behauptungen so sehr verunsichern lassen? Nun, zum einen ging ich davon aus, dass ich in früheren Leben tatsächlich mit Schwarzer Magie gearbeitet haben muss. Auch war mir bewusst, dass ich in meinem heutigen Leben wiederholt auf geschickte Heucheleien von Dunkelwesen hereingefallen war. Außerdem kenne ich mein eigenes kleines Menschen-Ich ganz gut und weiß, wie nachtragend es sein kann. Die Lichtpriesterin hatte nämlich ein „altes Karma" zwischen J. und mir „aufgelöst", demzufolge ich einmal in einer alten Inkarnation „ihren Gesetzen folgen musste". Hatten Anteile von mir sich also tatsächlich für solchen Macht-Missbrauch zur Verfügung gestellt? Die Frage trieb mich sehr um und das fühlte sich natürlich alles andere als leicht und fließend an... Hinzu kam, dass meine Bekannte quasi von mir gefordert hatte, ich müsse mich nun wirklich schlecht fühlen: „Es geht nicht an, dass du dich weiterhin in Friede, Freude, Eierkuchen wiegst!"

Inzwischen habe ich mit einigen Menschen über diese Geschichte gesprochen. Vor allen Dingen aber bin ich mit meinem eigenen Inneren zu Rate gegangen und habe mich gefragt: „Was ist denn nun die Wahrheit über mich selbst?" Vor einigen Tagen kam eine wunderbare Antwort von meiner Seele:

„Liebes, wie kann die Wahrheit über dich sein, dass du böse bist? Das ist niemals die Wahrheit, über kein Wesen im Omniversum! Auch wenn es noch so verdunkelt ist und sogar noch wenn in ihm alles Licht erlosch – die Wahrheit ist Das niemals! Ein jedes Wesen ist Gott von Gott und Licht vom Lichte[23], selbstverständlich auch Du. Der Teil von dir, der sich in einigen Leben in die Dunkelheit der Trennung verstrickte, ist verschwindend klein im Vergleich zu

---

23 Beinamen von Jesus Christus in der Liturgie der katholischen Kirche

dem Teil, der Ich Bin. Fokussiere also nicht auf die Trennung, sondern auf das Licht, das Du Bist!"

Danke, meine Seele! Mittlerweile bin ich auch noch einem alten Glaubenssatz auf die Spur gekommen, der sich in den Zeiten des Trennungsbewusstseins wohl in den allermeisten Menschen tief eingenistet hat. Er lautet: „Im Zweifelsfalle bin *ich* an allem schuld!" Dieser Glaubenssatz spiegelt eine Überzeugung des verletzten inneren Kindes, das denkt, es sei für alle Probleme in der Familie verantwortlich, auch für solche in der Ehe der Eltern. Warum? Einfach deswegen, weil es Da ist. Als ich diesen Satz in meinen Gedanken entdeckte, fiel mir eine häufig gehörte Erzählung meiner Mutter wieder ein, in der es um die Umstände meiner häuslichen Geburt ging: Ich kam zwei oder drei Wochen zu früh, also vor dem errechneten Geburtstermin, und ich brachte damit den gesamten familiären Ablauf durcheinander. Die begonnene Renovierung der kleinen Wohnung musste nämlich wegen meiner Ankunft abgebrochen werden und wurde erst sehr viel später fortgesetzt. In irgendeiner Weise fand in der alten Welt wohl so ziemlich jede Kinderseele, die ins Getrennte hinein aufwuchs, einen Grund dafür, sich selbst als unerwünscht und störend anzusehen.

Auf das Licht fokussieren, das Ich Bin

Genau dies ist auch der Weg der Reinigung, dies ist der Weg, um aus niedriger Schwingung immer wieder sich selbst zu Sich Selbst zurück zu erheben! Auch wenn ich mich in diesem meinem heutigen Leben tatsächlich noch einmal für Macht-Missbrauch zur Verfügung gestellt haben sollte – es gilt sich erneut zu erheben, sich erneut selbst zu vergeben, in das ICH BIN zurückzukehren. Es gilt sich dem Licht, dem eigenen Göttlichen Licht, zuzuwenden, dann durch-lichtet sich nach und nach auch alles restliche Dunkel in unserer menschlichen Psyche.

Daher möchte ich an dieser Stelle auch dir, liebe Freundin, lieber Freund, das TELESMA GEBET zur Verfügung stellen, das uns Meister Saint Germain über seinen Kanal Myra überliefert hat:

TELESMA-GEBET

ICH BIN DAS REINE CHRISTUSLICHT.
CHRISTUS IN MIR IST VOLLKOMMENHEIT,
WIE DER VATER VOLLKOMMEN IST.
ICH ANERKENNE NUR DIESE
VOLLKOMMENHEIT
UND SEHE NUR VOLLKOMMENHEIT.
ICH BIN CHRISTUS,
DIE HEILENDE KRAFT TELESMA,
DIE KRAFT HINTER DER KRAFT,
DIE ALLE KRÄFTE BEWEGT.
ICH RICHTE MEIN DENKEN AUF
DAS HÖCHSTE IN MIR,
DAS WEISSE CHRISTUSLICHT,
DAS NUN DURCH MEINE HÄNDE,
AUS MEINEN HÄNDEN STRÖMT
UND ALLE BLOCKADEN LÖST,
DIE MICH HINDERTEN, DIE GÖTTLICHE
VOLLKOMMENHEIT ZU LEBEN.
ICH BIN VOLLKOMMEN,
WIE DER VATER VOLLKOMMEN IST,
UND ANERKENNE NUR DIESE
VOLLKOMMENHEIT.
DIESE ANERKENNUNG IST WIE
EIN BEFEHL AN DAS LICHT,
DAMIT ES VOLLKOMMENHEIT ZEUGE.
ICH BIN FREI VON ALLEN SCHATTEN
DER KRANKHEIT,
ICH BIN LICHT,
DER LICHTE FUNKE

AUS DEM HERZEN MEINES VOLLKOMMENEN SCHÖPFERS. AMEN – OM[24]

Dieses Gebet habe ich mir nun wieder aus meinen Unterlagen hervorgeholt, um es erneut täglich für mich selbst zu sprechen. Die Konzentration auf unsere eigene – die Höchst mögliche – Göttliche Schwingung hilft uns aus jedem noch so tiefen Loch heraus! Wobei Vollkommenheit auf keinen Fall mit Perfektion zu verwechseln ist. „Perfekt" sind wir nicht, können es als die Menschen, die wir sind, gar nicht sein, und wir brauchen sogenannte Perfektion gar nicht anzustreben. Dann geben wir auch unserem alten Verstand und Ego keinen Anlass zur Selbstverurteilung...

---

24   Myra: „Saint Germains Vermächtnis – ein westlich-abendländischer Einweihungsweg", Silberschnur, 2010, S. 58/59. (TELESMA ist der Name für das Christuslicht, der, soweit ich mich an Saint Germains Darstellung erinnere, in den Smaragdtafeln des Hermes Trismegistos verwendet wurde.)

Christus In Uns

Ich fahre fort am Nachmittag des 09. August 2017. Ich möchte zunächst von ein paar freudigen Erfahrungen erzählen, die aus Leichtigkeit entstanden und mir weitere Leichtigkeit gebracht haben:

Im Schlosspark meines Wohnortes Laupheim gibt es einen kleinen Quelltopf, wo der Laubach ans Licht tritt, der durch den Park und das Städtchen plätschert. In diesem Quelltopf, das wusste ich schon seit einigen Jahren, lebt und wirkt eine wunderschöne Nymphe, die Astardia heißt und sich mir schon mehrfach als ein blauer Energiewirbel gezeigt hatte. Neulich war ich mit einer spirituellen Freundin dort, die auf Besuch kam. Sylvia nahm die Nymphe ebenfalls wahr und übermittelte mir eine Nachricht von ihr: Astardia wolle mir helfen, meine Weibliche Seite weiter zu reinigen und zu heilen. Sie wünsche sich aber auch, von mir gesehen und gemalt zu werden. Inzwischen gibt es schon ein paar farbige Skizzen. Es sollen mehr werden. Hinzu kam aber eine eigene Wahrnehmung vor einigen Tagen: Astardia möchte auch über Melodien und kleine Lieder mit mir kommunizieren! In derselben Nacht, als ich dieses erfuhr, fing ich plötzlich auch schon mit „lalalala" an zu singen... Am nächsten Morgen war der Text für ein beschwingtes, fröhliches kleines Kinderlied in der Welt. Nicht nur die Nymphe hat es inspiriert, auch mein eigenes inneres Gott-Kind Happy Girl ist daran beteiligt und es freut sich so sehr daran:

Alle Tage

Alle Tage lach ich, tanz ich, spring ich froh umher,
hüpfe auf der Wiese wie ein Teddybär.

Alle Tage spring ich froh umher,
auf der Wiese wie ein Teddybär.

Alle Tage lach ich, tanz ich, spring ich froh umher,

hüpfe auf der Wiese wie ein Teddybär.

Alle Tage matsch ich, plansch ich, Wasser macht mir Spaß -
spritz ich meinen Papa und die Mama nass.

Alle Tage macht mir Wasser Spaß,
spritz ich Papa und die Mama nass.

Alle Tage matsch ich, plansch ich, Wasser macht mir Spaß -
spritz ich meinen Papa und die Mama nass.

Ein zweites Erlebnis, das mich beflügelt, hatte ich gerade vorhin: Es war ein schönes Telefonat mit der Leiterin eines der beiden hiesigen Altenheime. Zur Vorgeschichte: Im Jahre 2012 und danach habe ich für mich selbst eine kleine Handpuppen-Truppe mit zehn Figuren erschaffen. Es sind „Kasperles", aber nur Prinzessin und Prinz gehören zu den Puppen, die man in einem gängigen Kasperletheater findet. Schon die Hexe entspricht nicht dem alten Klischee: Sie ist die hübscheste Puppe in der ganzen Truppe und hat – je nach Bedarf und Publikum – einen miesen oder eine spitzbübischen Charakter. Die Prinzessin heißt Tunichtgut und hält sich auch nicht an die Normen... Und dann sind da noch die Wibbel-Wabbels, vier kleine Fabelwesen aus der Sternenwelt, zum Teil mit Tierköpfen.[25] Unterschiedliche Einsatzgebiete gibt es für drei weitere Puppen mit menschlichen Köpfen: Da ist der übellaunig dreinschauende Durio, sowie die spitznasige Frau Babbel und ihr Verehrer, Herr Strubbel mit der Knubbelnase. Diese Puppengestalten haben schon des Öfteren meine Enkel erfreut und nun darf ich mit ihnen vor den Bewohnern des Altenheims auftreten. Ich werde dies ehrenamtlich und aus Spaß an der Freude tun! Am 25. August bin ich mit Frau M. zum Kennenlernen verabredet.

---

25 Das Porträt am Ende dieses Buches zeigt mich mit der Puppe namens Lächelmädchen, die mich neuerdings sehr an Happy Girl erinnert

Und nun zu einer besonders schönen, noch tieferen Erfahrung, die ich gestern machen durfte und die seither auf wunderbare Weise in mein Leben hinein wirkt: In einer Meditation erfuhr ich meine eigene Göttliche Männliche Seite als den auferstandenen, strahlenden Christus! Dies hat nun nichts mit Hintergründen aus früherer Leben zu tun, etwa dass ich – oder ein Teil meiner Seele – Maria Magdalena gewesen wäre. Ich sehe es vielmehr als eine Art archetypischer Erfahrung an. Jesus lebt in uns allen – sei es, als der noch Gekreuzigte, sei es schon als der Auferstandene. Er möchte jetzt in diesem heiligen Augenblick aus meinem Inneren heraus zu uns sprechen:

„Grüß dich, liebe Seele! Ich Bin Der Ich bin, Jesus der Christus, und ich lebe auch in Dir! Meine geliebte Partnerin, Frau, Mutter meiner Kinder, die ihr im deutschen Sprachraum Maria Magdalena nennt, stellt sich dir, wenn du magst, als deine Göttliche Weibliche Seite zur Verfügung. Ich, Jesus Christus, repräsentiere deine Göttliche Männliche Seite, aber auch nur, wenn du das annehmen magst. Ich möchte heute über diese deine Männliche Göttliche Seite sprechen, die durch Mich repräsentiert werden kann. Wie du weißt, bist du, geliebte Seele, durch zahllose Erfahrungen der Trennung gegangen. Wer weiß – wenn du auch nur geahnt hättest, wie schwierig sich das gestalten würde – vielleicht hättest du von vornherein darauf verzichtet und wärest bei Gott-Vater-Mutter geblieben. In der Vollkommenheit der Einheit, in der Vollkommenheit der Freude, des tiefsten Friedens, der Liebe, des Glücks... Aber du wolltest erfahren, wolltest erkunden, wie es ist, abgetrennt zu sein, nicht mehr Du Selbst zu sein, deinen eigenen Göttlichen Ursprung komplett zu vergessen. Jetzt weißt du es – und so kannst du hier und heute zurückkehren!

Was also ist die Essenz des Göttlichen Männlichen, von der du dich getrennt hattest? Es ist einerseits das Bewusste Sein, das Bewusst-Sein, und es ist andererseits auch die vollkommenste Hingabe. Ja, jetzt wunderst du dich, denn in den menschlichen spirituellen Traditionen wird die Hingabe stets dem Weiblichen zugeschrieben. Dies nicht zuletzt bezüglich des geschlechtlichen Schöpfungsaktes. Es wurde gesagt: „Der Mann nimmt die Frau, und die Frau gibt sich ihm hin." Jedoch... beim genaueren Hinschauen, was geschieht denn dort wirklich? Der Mann schenkt der Frau etwas sehr Kostbares, nämlich seinen Samen, und die Frau nimmt ihn an. So wird gemeinsam ein neues Leben gezeugt. Ist es nicht so? Ja, das Ganze wurde schrecklich verfälscht in den Traditionen des Patriarchats, in der Abwertung, ja, kompletten Entwertung des Weiblichen, in Akten der Vergewaltigung... Aber im Ursprung war und IST auf ewig die Hingabe des Göttlichen Männlichen!

Und was habe nun Ich als Jesus von Nazareth am Kreuz getan? Ich habe ganz bewusst mein eigenes Leben hingegeben. So sehen es auch die christlichen Kirchen, allerdings verkündigen sie, ich hätte dies getan, um für die Sünden der gesamten Menschheit stellvertretend Sühne abzuleisten. Das trifft nun den wahren Sachverhalt nicht wirklich. Ich, als der historische Mensch Jesus, hätte liebend gern auf die Erfahrung der Kreuzigung verzichtet! Sie war aber unvermeidlich in der damaligen historischen Konstellation. Es wurde von den Herrschenden Anstoß genommen, sowohl an meinem menschlichen Ausdruck, als auch an meiner Lehre. Was in den offiziell durch die Kirchen überlieferten Evangelien nicht herauskommt, ist die Tatsache, dass ich einer nicht-orthodoxen jüdischen Gemeinschaft angehörte, einer esoterischen Gruppierung innerhalb der Essener, die zu meiner Zeit von meiner Großmutter Anna geführt wurde. Diese Gruppierung hielt die alte Tradition hoch, dass das Göttliche VATER und MUTTER zugleich ist. Sie verehrte den Gott und die Göttin in ihrer gemeinsamen Schöpferkraft, und sie feierte dies auch auf der ganz menschlichen Ebene im geschlechtlichen Schöpfungsakt von Mann und Frau.

Ich selbst wusste damals, alle anderen in unserer Gruppe wussten es, dass meine Hinrichtung früher oder später unvermeidlich stattfinden würde, wenn ich mit unserer Lehre der Liebe an die Öffentlichkeit ging. Ich war aber in der Tat gekommen, um genau diese Lehre erneut in die Welt, auf diese Erde, zu bringen. Ich war gekommen, um das Göttliche Männliche in seiner ursprünglichen Funktion zu leben. Meine geliebte Frau Maria Magdalena war gekommen, um das Göttliche Weibliche zu repräsentieren. Ich, Jesus Christus, habe also mein physisches Leben in die Kreuzigung gegeben, weil die Menschen im patriarchal geprägten Trennungsbewusstsein noch nicht reif für die Ganze Liebe waren. Es gibt auch noch wichtige andere Gründe, aber an dieser Stelle und in diesem Zusammenhang möchte ich genau dieses hervorheben.

Heute aber, liebe Seele, Hier und Heute, ist die Zeit reif für etwas völlig Neues, ist die Menschheit, bist Du reif für etwas völlig Neues! Du bist reif für die Erfahrung der Rückkehr in die Freude, du bist reif für deine eigene Auferstehung, bist reif für das, was Ich als Jesus Sananda zusammen mit den Bäumen der Erde in unserem Buch mit Ines den „Physischen Aufstieg" genannt habe. So erinnere dich also an das Licht, Das Du Bist. Dieses Christuslicht wird repräsentiert durch die Christus-Wesenheit, die von Vater-Mutter-Gott ausgeht und heute in jedem Menschen zum Strahlen kommen möchte! Dein eingeborenes, wahres Licht ist ein Licht der vollkommenen Bewusstheit des eigenen Göttlichen Seins. Und wenn du magst, dann übergib du als das Menschenkind, das du bist, Mir, dem Christus-In-Dir, genau Jetzt die Führung in deinem Leben!"

In tiefer Liebe zu Dir
dein Christus-In-Dir

„Grüß Göttin!"

Heute, am 10. August 2017, bin ich meiner Weiblichen Seite begegnet. Ich hatte es schon geahnt – sie war noch nicht wirklich frei gewesen. Ich nahm sie heute Mittag wahr als am Boden liegende gesteinigte Frau, die kaum noch atmete. Das war das Ergebnis – ich sah es sofort – nicht nur der Steinigung „der" Frau, der Steinigung der Göttin auch, im Patriarchat. Es war auch das Ergebnis einer lebenslangen Steinigung meiner eigenen Weiblichkeit, und das nicht nur in dieser gegenwärtigen Inkarnation! Ich rief Jesus Christus und Maria Magdalena zu Hilfe, um meine geschundene Göttin zu trösten und zu heilen. Langsam richtete sie sich wieder auf und kam zu sich...

Später schrieb ich den nachstehenden kurzen Dialog auf:

Ich (Ines): Ich grüße dich, Göttin in Mir! Du lagst als Gesteinigte am Boden – ich selbst hatte dir das angetan, in zahllosen Leben. „Hure" nannte ich dich, ich verurteilte dich und deine Liebe, ich erkannte sie nicht mehr, ich hatte vergessen, wer Du wirklich Bist. Hatte vergessen, wer Ich wirklich Bin. Nun, meine Göttin, beginnst du in Mir zu heilen – es darf jetzt geschehen, was ich früher für ein Wunder gehalten hätte. Heilende, magnetische, weibliche Energie durchströmt meinen Körper von den Fußsohlen bis zum Herzen, vom Herzen aus in alle meine Körperteile, Organe, Zellen und Atome hinein fließend. Ich erlaube es, ich lasse es geschehen, ich lade Dich, meine innere Frau und Göttin, wieder in mein ganzes Leben ein. Steh auf, wenn du wieder vollständig in deiner Kraft bist und Lebe! Du bist meine Liebe, meine Kreativität, meine Freude und meine Lebenskraft. Ich begrüße dich: Welcome back Home, und Namaste!

Maria: Ich danke dir, Ines! Jetzt ist Alles gut! Neue Hoffnung und neue Freude durchströmen meine Glieder, und damit auch deine. Ich Bin die Göttin, die Weibliche Entsprechung zum Gott in Dir, und ich beginne wieder zu atmen – aufzuatmen, durchzuatmen, weiterzuatmen... Das Leben ist das Leben ist das Leben, ich wusste es immer. Und so habe ich durchgehalten bis zum heutigen Tage; es hat sich gelohnt![26]

Kurz darauf läutete der Paket-Postbote an meiner Haustür. Er brachte eine Sendung von Jwala Gamper, die eine besondere Freude für mich enthielt: ein Sweatshirt mit der groß aufgestickten Aufschrift:

Grüß Göttin

Da es heute recht kühl und regnerisch ist, konnte ich es gleich überziehen ohne ins Schwitzen zu kommen. Ein wenig eng sitzt es zwar und sollte bei der ersten Wäsche bitte nicht einlaufen; es betont nun meine etwas mollige Weiblichkeit und das gefällt mir so!

An den folgenden beiden Tagen blieb das Wetter kühl und so konnte ich mein neues Shirt genießen. Es war interessant: Die Aufschrift war mit ihrer Ausstrahlung in meiner gesamten Brustregion deutlich und sehr angenehm spürbar; es war irgendwie sogar ein ganz magisches Gefühl. Die Energie von „Grüß Göttin" erhöhte ganz klar meine Schwingung und brachte mir Freude und ein vertieftes Selbstwertgefühl. Ich trug das Shirt auch bei einigen Spaziergängen mit meinem Mann, wobei ich gestehen muss, dass es ein bisschen Mut kostete, mich hier im sehr katholischen Landkreis Biberach damit zu zeigen. Alle Einheimischen sagen hier „Grüß Gott"... Frau kann ja nicht wissen, wem sie begegnet... Vielleicht würde jemand aggressiv reagieren... Aber das war nicht der Fall. Wäre ausgerechnet der katholische Stadtpfarrer vorbeigekommen, der hätte mit Sicherheit etwas Ärgerliches gesagt. Ich erinnere mich

---

26 Meine Erfahrungen mit dem Christus/Inneren Gott und der Maria (Magdalena)/Inneren Göttin konnten sich nicht zuletzt durch die Lektüre eines Buches entfalten: Sylvia Morawe: „Das Praxishandbuch der Maria Magdalena für gelebte Liebe heute", Smaragd Verlag, Woldert, 2010

noch sehr gut an ein Telefonat mit ihm, als ich ihm meinen Kirchenaustritt mitgeteilt hatte. Er bezog sich in dem Gespräch auf ein Gedicht von mir, das ich ihm früher einmal zugeschickt hatte, weil ich dachte, es könnte auf die Titelseite des Gemeinde-Mitteilungsblättchens passen. Pfarrer H. hatte aus meinem kleinen Text den Schluss gezogen, dass ich an die Existenz einer Göttin glaubte. Ich sagte, dass ich davon überzeugt bin, dass Gott eine männliche und eine weibliche Seite hat. Das hat er dann akzeptiert, immerhin. Aber „Grüß Göttin" wäre eine Provokation gewesen...

Tja, ich hatte mir sogar schon eine schöne Antwort zurechtgelegt, falls jemand mir „ans Bein pinkeln" wollte: „Gott ist doch männlich und weiblich zugleich – warum soll ich mich als Frau nicht auf die Göttin beziehen dürfen?" So steckt also bei aller Freude an diesem befreienden Gruß und Schriftzug die uralte Angst vor patriarchalen Autoritäten immer noch irgendwo drin... Aber es ist okay für mich, das jetzt zu erkennen. Das Erkennen von inneren Begrenzungen und Hindernissen ist der erste Schritt zu ihrer Auflösung, auch wenn die ein bisschen dauern kann... Ich bin dankbar dafür zu sehen, dass die Generation unserer Kinder, und erst recht die unserer Enkel, zumindest in unserem Kulturkreis schon wesentlich freier aufwächst als wir!

Wie fühlt sich denn nun Jetzt, wo ich dieses schreibe, meine innere Göttin, meine innere Frau? Ich habe das Gefühl, dass sie zu spielen begonnen hat – zu spielen mit meinem inneren Gott-Kind, und das ist schön! Eine spielende Göttin-Mutter, ein spielendes Kind, und dazu gehört jetzt auch unbedingt ein spielender Gott-Mann! Der spielende Gott-Mann, also ein spielender Christus in mir?! Na, warum auch nicht? Ich kenne zwar bisher niemanden, der einen spielenden Christus erfunden hätte, aber hat nicht Jesus Christus als Mensch auf Erden selbst gesagt: „Wenn ihr nicht werdet wie die Kinder, dann könnt ihr nicht in das Himmelreich eingehen"? Also, da Er ganz gewiss im Himmelreich zu Hause war und ist, dann muss er auch Selbst „wie ein Kind" (gewesen) sein... Und Kinder spielen von Natur aus mit Begeisterung. Also lasse Ich mich ab sofort auf den spielenden Christus in mir ein! Ich bin gespannt, welche Konsequenzen das noch für mich haben wird...

Das Singende Kind

Inzwischen hat es wieder einige sonnige und warme Tage gegeben – keine Unwetter hier bei uns in der Region. Von der Freude an der Göttlichen Weiblichkeit und am Spielenden Christus ist der Spaß am Göttlichen Kind kein großer Schritt. Und für ein Kind gibt es kaum ein schöneres Spiel als das Singen (und das Tanzen dazu). Im Kapitel „Singe dich frei" hat meine Seele schon einiges Bedeutsame zum Thema gesagt. Unter anderem hat sie erklärt, dass wir Menschen beim Singen unseren ganzen Körper zum Schwingen bringen und Selbst zu Musik werden. Mein eigenes Göttliches Kind singt nicht nur gerne, es erfindet und singt am allerliebsten seine eigenen Lieder! Ich hatte vor einigen Monaten geschrieben, dass ich noch recht selten singe. Inzwischen gibt es immerhin schon neun selbst geschriebene Weisen von mir, und noch zwei weitere ganz kurze, die ich momentan nicht mit zähle. Einige sind schon ein paar Jahre alt; ich hatte sie in letzter Zeit einfach ausgeblendet, aber sie gehören mit dazu: Es sind die Lieder der Wibbel-Wabbels (aus meinem bei Books on Demand veröffentlichten Büchlein „Die Wibbel-Wabbels kommen!"[27] und aus meinem bisher unveröffentlichten Bilderbuch „Tina und die Wibbel-Wabbels". Diese Wesen mit dem lustigen Namen kommen von den Sternen, im erstgenannten Buch stellen sie sich als von den Plejaden kommend vor. Sie sind so luftig, dass sie ihre Form und ihre Farben ständig spontan verändern, und ihren Körperchen entströmt ebenso spontan Musik und Gesang. Die Liedchen der Wibbel-Wabbels sind voller Fröhlichkeit und Leichtigkeit – so fröhlich und so leicht, wie sich eben auch mein inneres Happy Girl fühlt und anfühlt.

Ich habe nun in den letzten Tagen die Texte meiner bislang bestehenden Lieder und Weisen in Dateien eingegeben, soweit solche nicht schon bestanden, habe sie gesungen und auch die Noten aufgeschrieben. Letzteres eine Tätigkeit, in der ich ziemlich ungeübt

---

27 Ines Nandi: „Die Wibbel-Wabbels kommen!" BoD, Norderstedt, 2011

bin und wo ich auch die Hilfe einer Freundin in Anspruch nehme, die lange Jahre an einer Waldorfschule Musik unterrichtet hat. Gisela korrigiert mir ab und an die Notenwerte. Und nun singe und trällere ich die ganze Zeit über, mal lauter, mal nur ganz leise in mich hinein, meine eigenen Melodien und Texte und fühle mich wundervoll damit!

Heute Morgen, am 18. August 2017, hatte ich unverhofft einen sehr schönen Anruf aus der Schweiz. Roberto am anderen Ende der Leitung drückte mir seine Wertschätzung für meine Arbeit aus und teilte mir zugleich mit, dass er die Einweihungen in die Christusenergie[28] nicht fortsetzen könne. Wir kamen dann im Laufe des Gespräches bald auf das, was Sein ganz Eigenes ist, nämlich die Arbeit mit Klängen, vor allen Dingen das Tönen in der Natur, im Wald. Er habe dies vor einiger Zeit 30 Tage lang nur für eine Viertelstunde täglich praktiziert, und es habe unglaublich befreiende Prozesse in Gang gesetzt. Er sang mir kurz ein „Aaaaaaa" vor, das ein großartiges Volumen und eine wunderbare Kraft verströmte – ein echtes Geschenk! Und dann erzählte er mir noch eine kleine Geschichte, wie er neulich sein inneres Kind und dessen Freude entdeckte: Es gab einen Wettlauf für Kinder, an dem er sich beteiligt hatte, und zum Schluss bekam jedes Kind eine Medaille. Roberto bekam keine, weil er ja ein Erwachsener war. Er wollte aber unbedingt eine haben! Also sagte er zu den Veranstaltern: „Ich bin doch auch ein Kind, ich kann auch eine Medaille bekommen." Ob diese Menschen darauf eingingen, das hat Roberto nicht erzählt, aber allein die Tatsache, dass sein erwachsenes Ich zuließ, dass sein Kind aus ihm sprach und seinen Wunsch ganz offen äußerte, finde ich sooo schön!

Die Leichtigkeit und die Freude des Kindes in uns, seine Sehnsucht nach Bewegung, Lachen, Singen und Tanzen – auch ich kann diese Eigenschaften allmählich immer deutlicher spüren. Einfachheit und

---

28 Nach meinem Büchlein mit Jesus Sananda: „Die Christusenergie – Einweihungen und Praxis"

Leichtigkeit wohnt ihnen inne. Das Kind drückt sich in einfachen Worten aus und es singt einfache Melodien. Manchmal möchte es auch „nur" in Silben tönen... Gerade dieses Tönen ist es, das uns in die Klänge des Universums einstimmt. Es verbindet uns, unseren klingenden Resonanzkasten Körper, unser ganzes Sein, alles, was wir Sind, mit Allem Was Ist. Mit der Natur, der Erde, dem Himmel und den Sternen, mit den Klängen aller Dimensionen und Sphären, mit allen Wesen, die diese bewohnen. Es lässt uns in diese All-umfassende Einheit eintauchen, mit ihr fließen...

Es ist mir nun ein Bedürfnis, für mein eigenes Kind die selbst no-tierte Melodie hier hinein zu kopieren.

Vielleicht magst auch du, liebe Menschen-Göttin, lieber Menschen-Gott, dich aufs Singen dieser einfachen Weise einlassen. Oder, noch schöner: Du er-findest deine eigene...

Frei Sein

In diesem AugenBlick – ich setze meinen Text am Morgen des 18. August 2017 fort – wird mir klar, dass ich im Grunde genommen niemals behaupten kann, ich sei jetzt komplett angekommen – in der Selbstliebe, im Frieden und in der Freude, kurzum, in der Großen Freiheit... Es ist ein Irrtum des menschlichen Egos zu glauben, es gäbe irgendwann in der Inkarnation einen Moment, wo wir sagen könnten, „Ich bin jetzt fertig". Die Sache ist nämlich die, dass wir niemals fertig sind, solange wir unterwegs zurück in die Formlosigkeit, in das Nichts, des Göttlichen Ursprungs sind. Schlechte Nachricht? Aber nein! Die Göttliche Liebe ist grenzenlos. Die Göttliche Freiheit ist grenzenlos. Die Göttliche Freude ist grenzenlos. Wir brauchen also lediglich so mutig zu sein uns fortwährend immer weiter innerlich auszudehnen, immer wieder neu unsere eigenen Grenzen zu überschreiten, ja, zu sprengen... Und wir brauchen uns nur zu erlauben, dass diese Ausdehnung geschehen darf – es ist die Ausdehnung in das SEIN hinein, das wir immer schon Sind. Wir brauchen dies nur zu sehen, zu erkennen, wirklich mit dem Herzen zu erkennen. Und welches Herz weiß dies alles besser als das Herz unseres inneren Gott-Kindes? Das Herz von Happy Girl und Happy Boy, kurzum, das wirklich zutiefst fühlende Herz in uns selbst...

Und noch eine gute Nachricht: Ich kann im Grunde genommen genauso gut jederzeit behaupten, dass ich angekommen bin! Ich kann in jedem Göttlichen AugenBlick innehalten, mich in dieses Kinderherz begeben und spüren, dass ich gehalten und getragen bin. In der Großen Einheit BIN, in der Liebe BIN, frei BIN! Ich kann jederzeit Hier und Jetzt wählen dies zu tun. Und ich kann wählen, dies immer häufiger zu tun. Ich kann wählen, dass dabei jedes Mal in meinem Inneren eine SeelenLandInsel entsteht und ich kann wählen, dass diese Inseln Schritt für Schritt zu einem riesigen SeelenLandKontinent in Mir zusammenwachsen. Mit der Zeit kann dann der Mensch, der ich bin, in meinem Falle die Frau, die ich bin, selber im Draußen der menschlichen Gesellschaft zu einer Insel des

Neuen, einer Insel der Göttlichen Liebe und Freiheit, werden. Und als diese Insel kann ich wählen, mit anderen menschlichen FreiheitsInseln zum Großen Kontinent eines freien menschlichen Kollektivs zusammenzuwachsen! In diesem Sinne also:

Es lebe die Liebe!
Es lebe die Freiheit!

Und ich wähle sie Jetzt.

Anhang I:
Das ist ein Ding (Lied der Wibbel-Wabbels)
(von Ines)

1.

Das ist ein Ding, ich lache und ich sing!
Dingsda und bumsda, fallerallala!
Das ist ne Sache, ich singe und ich lache!
Bumsda und dingsda, trallerallala!
Dinge und Sachen, die machen mich lachen,
Dingderingdingding, ich lache und ich sing!

2.

Das ist ein Ding, klinglingelingeling!
Dingsda und bumsda, fallerallala!
Das ist ne Sache, ich mache dass sie krache!
Bumsda und dingsda, trallerallala!
Dinge und Sachen, die mache ich krachen,
Dingderingdingding, klinglingelingeling!

Anhang II:
Lob des Lebens (Liedtext)

(von Ines)

1.

Meine Seele lobt den Schöpfer der Welten,
meine Seele singt ein neues Lied.
Und es schallt mein Lob in Himmelsgezelten,
da es über den Planeten zieht.

Und alles Leid
schwindet mit der Zeit -
wenn ich in der Liebe geh,
tut nichts mehr weh!

Meine Seele lobt den Schöpfer der Welten,
meine Seele singt ein neues Lied!

2.

Meine Seele geht auf neuen Wegen,
meine Seele wählt den neuen Pfad.
Und sie spürt in sich den heiligen Segen,
den der Schöpfer ihr gegeben hat.

Ich bin bereit,
lasse los das Leid.
Nehm für mich die Freude an,
so gut ich kann!

Meine Seele lobt den Schöpfer der Welten,
meine Seele singt ein neues Lied.

3.

Mein Weg nimmt nun eine freudvolle Wende,
und ich folge meinem inneren Stern.
Denn ich geb mich ganz in Gottes Hände,
dass ich das Licht in mir kennenlern.

Weil ich mich freu,
wird jetzt alles neu.
Da ich in der Liebe geh,
tut nichts mehr weh!

Meine Seele lobt den Schöpfer der Welten,
meine Seele singt ein neues Lied!

Anhang III:
Mantra der WALE

1.

OM TATHAGATHA VARUNAYA
VISUVARYA CHESMA BHEVUNULA
CHARYA BHIVESMA KARENAMA
VISUGEMA TARYA ALYANAYA
OM

2.

OM VAREKAYA ENEMANA
ANEMEYA DURGA TARELEYA
MENA CHARESMA ELEGAYA
MENETEKA MURYA ALEMENA
OM

3.

OM DUKTURAMA AMNALAMA
MEKAREYA SALMA CHEGETAYA
CHARYA CHARESMA ANEMAYA
VISUGEMA LARYA NAMEKATA
OM

Erklärung:

Es handelt sich hier um einen Heil-Gesang in der Lichtsprache „TATHA-TOKOSMO".

Teil 1 ursprünglich durch Ines empfangen von JESUS CHRISTUS; Anfang Januar 2017 stellte sich heraus, dass es sich um ein WAL-MANTRA handelt. Teil 2 und 3 wurden ihr am 03.01.2017 durch das Blauwal-Kalb „KIRSTIN" übermittelt.

Anhang IV:
(Rundbrief 2 zum Christus-Netzwerk)

Christus-Netzwerk – was ist das eigentlich?
JESUS CHRISTUS
(über Ines)

Am 13. April 2017

Meine Lieben,

dieser zweite Rundbrief, der nicht umsonst ein Weilchen auf sich hat warten lassen, wird für jede und jeden von euch gewiss eine große Herausforderung darstellen. Vor allen Dingen gilt dies für diejenigen unter euch, deren Vorstellungen über MICH, meine Mutter Maria, und auch über Maria Magdalena, noch zum Teil von dem geprägt sind, was ich einmal den „Kirchen-Glauben" nennen möchte. Ich werde euch zunächst einige Informationen über meine damaligen Familien zukommen lassen. Diejenigen unter euch, die des Englischen mächtig sind, können Näheres in den Büchern von Claire Heartsong nachlesen: „Anna, Grandmother of Jesus" und „Anna, the Voice of the Magdalenes". Das letztere Buch entstand in Zusammenarbeit mit Catherine Ann Clemett. Diese versetzte Claire in Trance, sodass sie die Botschaften von insgesamt 19 „Magdalenern" aufnehmen konnte. Sie erzählten sehr detailreich von damals, und ICH bestätige, dass sie allesamt die Wahrheit sprachen! Die „Magdalenes" waren nicht nur Menschen aus Magdala, wie man vermuten könnte, sondern ein *essenischer Orden*, der um die *Einheit der Großen Mutter / Gott-Mutter und des Großen Vaters / Gott-Vater* wusste und darum das EINSSEIN des Männlichen und des Weiblichen in ALLEM verehrte, auch im Menschen. Aufgrund des extrem patriarchalen Zeitgeistes damals, gerade auch im Judentum, mussten sie sich versteckt halten. Die MagdalenerInnen waren eine Gemeinschaft von Eingeweihten und sie kannten den Weg von „Auferstehung und Ewigem Leben" als Einweihungsweg. Er war ihnen ein großes Mysterium...

Warum ich euch diese und die nachstehenden grundlegenden Informationen zukommen lasse, das erkläre ich weiter unten. Es ist wichtig für euer Verständnis, was das Christus-Netzwerk IST!

Und nun zunächst einmal zu meiner Mutter Maria: Sie hieß mit vollem Namen *Mirjam Anna* und sie hatte nicht nur ein einziges Kind (also mich), wie der Kirchen-Glaube lehrt. In der Tat hatte ich neun jüngere Geschwister, sechs stammten von meinem Vater Joseph ben Jakob und drei von Ahmed, den meine Mutter nach Josephs Tod heiratete. Außerdem war da eine adoptierte Cousine namens Mariam, die fast gleichaltrig mit mir war. Sie war die Tochter von Mirjam Annas Schwester Rebekah, die ein Jahr nach der Geburt des Mädchens gestorben war.

Ich selbst aber war auch keineswegs jungfräulich, wie der Kirchen-Glaube ebenfalls behauptet. Auf dem Hintergrund der magdalenischen Spiritualität verstand sich das von selbst: Die Einheit von Männlich und Weiblich wurde auch im Menschlichen konkret gelebt! Ich erhielt in meiner Jugend in Indien *Einweihungen in die tantrische Liebe* und hatte sogar ein Kind mit meiner Lehrerin *Radha*, die bei dessen Geburt starb. Meine Frau Mirjam von Tyana und ich adoptierten Jude. Ja, meine Frau *Mirjam von Tyana*! Wir lernten uns bei einem Brunnen in Samaria kennen und wir heirateten, als sie 19 Jahre alt war und ich 17. Bald darauf gingen wir zusammen nach Indien, um bei hohen Meistern zu lernen. Meine Liebesgeschichte mit Maria Magdalena – in dem Buch von Claire Heartsong *Myriam of Bethany* genannt – begann einige Jahre später, nachdem ich zusammen mit Mirjam von Tyana aus Indien nach Palästina heimgekehrt war. Maria Magdalena und ich kannten uns seit ihrer Kindheit.

Mirjam von Tyana und ich hatten vier Kinder miteinander, Maria Magdalena und ich drei. Meine Hochzeit mit Maria Magdalena war die „Hochzeit von Kana", von der auch die Bibel berichtet. Zur damaligen Zeit war es bei den Juden für einen Mann erlaubt, dass er mehrere Frauen haben durfte. Vielleicht erinnert ihr euch an Vater Abraham: Der war mit Sarah und mit der Magd Hagar verheiratet.

Näheres erfahrt ihr in einer Anlage zum nächsten oder übernächsten Rundbrief: Gisela Wald, die die Bücher von Claire Heartsong studiert hat, wird die wichtigsten Fakten und Daten schriftlich für euch zusammenfassen.

Mehr möchte ich euch jetzt auch nicht mehr zumuten, was mein/unser reales Leben betrifft. „Tod und Auferstehung" sollen zu einem späteren Zeitpunkt erklärt werden, auch wenn nun bald Ostern ist...

Nun also zum **Christus-Netzwerk**:
Ines und ihre FreundInnen Gisela, Thomas und Iris haben lange geglaubt, dass von ihnen der Aufbau einer *Organisation* erwartet würde. Ines fragte sogar anfangs einmal in einer Mail nach, was ihr von der Gründung eines Vereins halten würdet. Heute lächelt sie darüber. Denn inzwischen haben WIR aus der Geistigen Welt klargestellt:

Die eigentliche Gruppe existiert bereits – die Mitglieder brauchen sich nur Selbst zu ERKENNEN, gegenseitig zu FINDEN und dann untereinander zu VERNETZEN!

Jedes Mitglied ist dabei wie eine kleine Spinne, und auch Ines ist eine solche. Sie leistet einen besonderen Beitrag zum Gesamt-Netz, da sie die wichtigsten Kontakte aus der Gesamt-Gruppe schon hat.

Aber nun... Wer *sind* denn die Mitglieder?! Nicht umsonst habe ich euch weiter oben einige grundlegende Informationen durchgegeben:

Mitglieder der Gruppe, die zum Netzwerk werden soll, sind ALLE, die damals vor 2000 Jahren mit dabei waren. Ausdrücklich auch die Träger der „Verräter"-Rolle, Judas Iskariot und seine Frau, die Susannah hieß. Wichtig ist mir hierbei festzuhalten: ALLE „Apostel" und „Jünger" waren PAARE! Die „Zwölf" waren also in Wirklichkeit „Vierundzwanzig". Und: Maria Magdalena und ich lehrten und heilten gemeinsam und gleichberechtigt.

Jetzt kommt aber noch eine weitere Herausforderung für euch: Ich möchte euch mitteilen, dass wir ALLE, ausdrücklich einschließlich meiner eigenen Person, damals vor 2000 Jahren nicht vollständig „heil" waren. Ja, viele von uns waren eingeweihte Meisterinnen und Meister, so meine Großmutter und Mutter und meine beiden Frauen. Wir konnten auch sehr, sehr vieles in uns heilen, aber aus der damaligen Zeit-Qualität ergab sich, *dass bei jedem und jeder von uns unerlöste „Schattenanteile" zurückblieben.* Auch bei mir selbst, das betone ich noch einmal! Ich, der *Mensch* Yeshua, erlitt durch die Folter und die Kreuzigung ein tiefes Trauma: Mein „kleines Menschen-Ich" verzweifelte an der Menschheit!

Was war und ist die Konsequenz: **Unser aller Schattenanteile inkarnierten in den letzten 2000 Jahren immer wieder und sind heute ALLE präsent!** Und zwar – das dürfte für die meisten von euch ein besonders schwer verdaulicher „Brocken" sein – gab und gibt es uns sozusagen „in verschiedenen Ausgaben". MICH, euren Yeshua/Jesus Christus gab und gibt es als Menschen sogar besonders häufig. Neuerdings habe ich auch noch meine Weibliche Seite in der Gestalt von Neuen Kindern (kleinen Mädchen) auf die Reise geschickt! Auch Mirjam von Tyana und Maria Magdalena leben heute wieder in mehreren verschiedenen Frauen der Neuen Zeit.

Eine der Magdalenen ist die Ines, und sie hat die Aufgabe übernommen, die Vernetzung der alten „Magdalener" - oder Essener – zu koordinieren. Gisela Wald, eine Verkörperung von Großmutter Anna, sowie Thomas und Iris, die für ein ganz bestimmtes Apostel-Paar stehen, spielen dabei ihre besonderen Rollen, die sich noch genauer herauskristallisieren werden.

So, das war's für heute! Habt ein schönes Osterfest mit diesen Informationen! Und: Es prüfe eine Jede und ein Jeder von euch sehr, sehr genau, ob diese Inhalte für sie bzw. ihn stimmig sind. Wer sich davon überhaupt nicht angesprochen fühlt, wer dies alles ablehnt, der-die gehört vielleicht gar nicht zu der Gruppe, die zusammenfinden soll. Wenn DU, liebe Frau, lieber Mann, dich allerdings nur zuerst einmal etwas schwertust mit allem, so ist das ganz natürlich. Also prüfe dich... Und wenn du NEIN sagst, dann bestelle diese Rundbriefe ab. Sie sind dann einfach nicht für dich bestimmt!

In tiefer Liebe zu euch und zur gesamten Menschheit
euer Yeshua / JESUS CHRISTUS

Nachbemerkung von Ines, am 12.03.2018:

Inzwischen hat sich weiter unendlich viel ereignet in meinem äußeren und inneren Leben. Das Christus-Netzwerk ist zum Christus-Marien-Netzwerk geworden und es hat einen Platz auf meiner Autorinnen-Website und eine kleine Gruppe auf Facebook. Die Inhalte, die im obigen Rundbrief dargelegt wurden, sind für mich nicht mehr so wichtig – ich frage nicht mehr: „Wer von uns ist wohl damals wer gewesen?". Ich frage auch nicht mehr nach „historischen Fakten"; es gibt so zahlreiche Channelings oder Rückerinnerungen mit Einzelheiten, die sich zu widersprechen scheinen. Vielleicht trifft ja zu, was meine „Gebäri" mitgeteilt hat, und es gibt zahlreiche „Parallel-Erden"... Die Zugehörigkeit zum Netzwerk bestimmt sich nach dem Gefühl des Einzelnen, dem Gefühl der Verbundenheit mit Jesus und den „MagdalenerInnen". Wer sich zugehörig fühlt, der gehört auch dazu!

Von ganzem Herzen DANKE...

- GOTT-VATER-UND-MUTTER, der Quelle Allen Seins, für mein ganzes LEBEN

- allen Meistern und Engeln, meiner SEELE, meinem Inneren Kind und allen weiteren liebevollen Kräften, die zu diesem Buch beigetragen haben

- meinen leiblichen Eltern: Peter Bourauel, im Leben Bundeswehroffizier und auch im Sterben (1975 an Leukämie) ein tapferer Soldat, und seiner Frau Gertrud, heimgegangen im Alter von 93 Jahren im Januar 2018, für eine behütete Kindheit und Jugend und dafür, dass sie die verabredeten wichtigen Prägungen des Kindes Ines getreu besorgt haben

- meinem Mann Kumaresh, für seine treue und liebevolle Begleitung „in guten wie in schlechten Tagen" seit nunmehr 49 Jahren

- unseren wundervollen Kindern: Miriam, Gerrit, Kiron und Felix sowie deren ebenso wundervollen EhepartnerInnen Andreas, Daniela, Corina und Stefanie für ihr DaSein und dass sie uns die kostbaren Neuen Kinder Samuel, Rahel, Sara, Anna, Antonia, Leonie und Jonathan geschenkt haben

- meinen langjährigen Laupheimer Freundinnen: Ulla Gasmi, die alle meine Bücher und auch unveröffentlichten Manuskripte gesammelt hat; Barbara Willar, von der ich an der Volkshochschule die Grundlagen der Aquarell- und Acrylmalerei erlernen durfte; sowie Dagmar Bettin, durch die ich im Jahre 2002 erkannte, dass ich ein Kanal-Medium war... nicht zu vergessen natürlich Anne Lahr, die mich im Sommer 2017 erneut auf den Boden der Neuen Erde brachte – in meinem eigenen Garten.

- meinen spirituellen Freundinnen Ursula Huber und Dagmar Freund, beide Heilerinnen und zuverlässig ehrliche Testleserinnen meiner neueren Bücher. Dagmar Freund hatte mit ihren Hinweisen und Inspirationen maßgeblichen Anteil an der Entstehung von „Der physische Aufstieg des Menschen". Ohne den Austausch mit ihr während der Entstehung des Buches hätte diesem einiges gefehlt.

- aus dem im Entstehen begriffenen Christus-Netzwerk: Gisela Wald, ehemalige Waldorflehrerin, die die Bücher von Claire Heartsong für uns wiederentdeckt hat; Marita Menne, Heilerin – sie „telefoniert" in ihren Sitzungen mit Jesus Christus und Erzengel Michael; Katia de Farias, Schamanische Tänzerin und „Wilde" Frau, die mich an meine ureigene Weiblichkeit erinnerte; Gudrun Stein, die so wunderbare Texte von ihrer SEELE und aus der QUELLE empfängt. Inzwischen sind hinzugekommen: Beat Steinmann und Sylvia Shalina Morawe, Channel für Maria Magdalena ... und das Netz knüpft sich weiter, ganz von selbst...

- und *„last but not least"*: Christa Falk vom Ch.Falk-Verlag, die meinen Büchern „Das Heilwissen der Bäume und die Botschaft vom Wind", „Die Christusenergie – Einweihungen und Praxis" und „Der physische Aufstieg des Menschen" zu einer Verbreitung verhalf, die sich inzwischen verselbständigt hat. Auf dieser Grundlage konnten auch die Menschen zu mir finden, die inzwischen begonnen haben, sich im Christus-Netzwerk zusammenzutun.

im Mai 2018
Ines Nandi

Über mich

Was soll ich sagen? „Es" schreibt sich selbst immer wieder neu. Nämlich das, was Ich Bin... Hier und Heute, Anfang Juni 2018, entdecke ich, wie schön es ist, dass ich ein bisschen anders bin als normal. Ich fand das früher immer schwierig, denn ich wollte so gerne „dazugehören". Aber hiermit beschließe ich, die mausgraue Uniform des alten Massenbewusstseins ein für alle Mal abzulegen. Und was sehe ich, wenn ich mich ohne diese Maske betrachte? Happy Girl, die tanzt, singt und lacht! Daher schreibe ich an dieser Stelle auch nichts mehr über meine Vergangenheit. Im Buch habe ich ausreichend viel dazu gesagt, finde ich. Spannend wird es aber jetzt, wenn ich genauer hinschaue. Auf mein glückliches inneres Gott-Kind nämlich. Dann beginne ich zu ahnen, was sie so alles kann und ist: eine ausgesprochen unkonventionelle Schamanin zum Beispiel, von der ich noch nicht weiß, wie sie sich äußern wird. Auf jeden Fall aber über die Stimme. Happy Girl ist nämlich ein Stimm-Medium, was immer das bedeutet. Meine Kehle und meine Stimmbänder sind gerade dabei sich zu befreien. Allzu lange hatte ich eine Kröte nach der anderen geschluckt in meinem Bestreben mich anzupassen und nur ja nicht aufzufallen. Diese Kröten, und auch etliche Frösche, habe ich jetzt heraus gewürgt. Sie durften sich endlich in die Prinzen verwandeln, die sie immer waren. Ja, und damit ist noch ziemlich offen, was ich demnächst so alles anstellen werde, Koboldin, die ich bin...

Meine wichtigsten Veröffentlichungen

- Das Heilwissen der Bäume und die Botschaft vom Wind, Ch.-Falk-Verlag, Seeon, 2014

- Die Christusenergie – Einweihungen und Praxis, Ch.-Falk-Verlag, Seeon, 2015

- Der physische Aufstieg des Menschen, Ch.-Falk-Verlag, Seeon, 2015

- Die Wibbel-Wabbels kommen! Books on Demand, Norderstedt, 2011

- BaumWeisheit, Books on Demand, Norderstedt, 2017

Wenn die Achterbahn zur Freuden-Rutsche wird:
Meine neuen Angebote für dich

Happy Girl als Coachin? Ich weiß nicht so genau, ob sie das möchte. Es sei denn, es wird ein Spiel daraus. Ein Selbstbefreiungs-Spiel für dich und für mich, zum Beispiel. Zwei solcher Spiele hat sie in den ersten Junitagen dieses Jahres 2018 tatsächlich schon zusammen mit ihrer guten Freundin Maria Magdalena entwickelt. Das eine heißt „Ahnen-Ping-Pong", das andere „Rückführungs-Roulette". Lies doch mal die nachstehenden Beschreibungen, vielleicht hast du ja Lust mitzumachen?

1. Ahnen-Ping-Pong

Ein erhebliches Hindernis auf unserem Weg, dessen Überwindung uns aber auch erheblichen (Lebens-)Lust-Gewinn schenkt, stellen die alten Glaubenssätze dar, die wir ein Leben lang unbewusst mit uns herumgeschleppt haben und die in aller Regel von unseren AhnInnen stammen: *„Ich bin es nicht wert geliebt zu werden / erfolgreich zu sein / glücklich zu sein...";* *„Mühsam ernährt sich das Eichhörnchen";* *„Geld stinkt"* und dergleichen mehr. Wie sehr sie uns ausbremsen, ist den meisten von uns überhaupt nicht klar... Was sich aber dahinter versteckt, ist in den meisten Fällen die konkrete Erfahrung eines Ahnen oder einer Ahnin, die zur Formulierung eines solchen negativen Glaubenssatzes führte.

Hier und Heute dürfen alle diese schweren Energien erlöst werden, sie dürfen heilen und sich buchstäblich in Wohlgefallen auflösen. Oft, sehr oft, haben sie mit Schuldgefühlen und mit Scham zu tun, aber auch mit Ohnmacht, Wut, Angst und Verzweiflung...

Wie verläuft mein Ahnen-Ping-Pong-Spiel?

Wir brauchen drei Parteien:

- die Führung aus der Geistigen Welt
- ein Medium/VermittlerIn (in diesem Falle bin ich es)
- eineN KlientIn, der/die bereit ist, sich zu hundert Prozent auf das Spiel einzulassen und dabei bei sich selbst ungeahnte Fähigkeiten der Wahrnehmung zu entdecken und zu entwickeln. Außerdem wird seine/ihre Bereitschaft zur Vergebung und Selbstvergebung benötigt. – Bist das Du?

Es geht los: Wir finden gemeinsam einen Glaubenssatz, der dich besonders stark ausbremst und behindert. Zum Beispiel: *„Geld stinkt".* Dann schauen wir uns einmal in deiner Familie, also bei deinen Eltern und Großeltern, um, wer ihn dir auf direktem Wege übermittelt haben könnte. Sagen wir, dein Vater, der vielleicht schon verstorben ist. Aber auch, wenn er noch lebt, können wir mit seiner Seele Kontakt aufnehmen. Nun ist deine, deR KlientIn, und meine, des Mediums, gemeinsame Arbeit gefragt. Wie im Ping-Pong spielen wir uns gegenseitig die Wahrnehmungs-Bälle zu. Kannst du die Energie deines Vaters in irgendeiner Weise sehen? Hören? Intuitiv erfassen? Es wird jetzt sehr spannend, denn wenn dein Vater schon im „Jenseits" ist, erkennen wir nun, ob er aus dem Licht zu uns kommt oder ob er noch als verwirrte, desorientierte, im Leiden befangene Seele in astralen Bereichen umherirrt. Ist letzteres der Fall, wie können wir ihm helfen?

Deine Herzensliebe kommt ins Spiel! Ganz gleich, wie eure Beziehung zu seinen Lebzeiten war, du schickst der Energie deines Vaters einen Strahl von rosa und grünem Liebeslicht aus der Mitte deines Herzens. Es dürfen Wunder geschehen… Wir können in derselben Weise anschließend auch mit deinem Ururururururgroßvater arbeiten, bei dem vielleicht der Ursprung des Glaubenssatzes, dass Geld stinkt, zu finden ist. Über mehrere Generationen hinweg landete er dann auf dem Weg über deinen Vater bei dir selbst.

Zum Abschluss haben wir aber etwas ganz Wichtiges zu tun: Selbstverständlich formulieren wir den alten Satz in eine positive

Affirmation um! Vielleicht *„Geld duftet nach Rosen"*? Das hat eine humorige Note und gefällt mir persönlich richtig gut. Aber du bist es, der/die wählt... Und danach darfst du mit diesem neuen Satz zu spielen anfangen: Du kannst ihn singen und tanzen, ihn aufmalen und mit Blümchen schmücken, auf ganz viele kleine Zettel schreiben und sie auf alle Spiegel in deiner Wohnung aufkleben, auf deinen Schreib- und Nachttisch legen... Deiner Fantasie sind keine Grenzen gesetzt.

2. Rückführungs-Roulette

Wir alle kennen wiederkehrende Lebenssituationen, häufig auch verknüpft mit ganz vertrackten menschlichen Beziehungs-Mustern, die uns – immer neu und altbekannt zugleich – in die Sackgasse führen, wo wir dann schreien:

„Rien ne va plus!" oder auch, auf gut Deutsch: *„Nichts geht mehr!"*

Und da wir damit schon beim Roulette gelandet sind – spielen wir es doch gleich mal! Statt Karma-Yoga – Karma-Roulette, wie wär's? Wir finden gemeinsam die Ur-Situation für dein Problem und die kreative Er-Lösung kommt aus unserer eigenen Seele und aus dem Universum zu uns. Und zwar aus den höheren Ebenen der Liebe...

Spielverlauf

Wir brauchen:

- das Casino „Universum"
- dich und mich und Führung aus der Geistigen Welt
- unseren Roulette-Tisch mit Croupier
- unsichtbare MitspielerInnen, die wir gemeinsam identifizieren werden

Dein Spiel-Einsatz deckt sich in diesem Falle mit meinem Energie-ausgleich in EUR, aber der Unterschied zum Casino in Las Vegas ist, dass du garantiert immer gewinnst! Ein Ticket für die Rutsche in deine Freude nämlich…

Unser Roulette hat zwei Räder mit Jahreszahlen in den Vertiefungen. Das kleinere enthält die bisherigen Jahre deines Lebens, das größere die Jahre aller Lebenszeiten, die du auf Erden verbracht hast. Eine solche Jahreszahl blinkt immer dann auf, wenn die kleine goldene Kugel in eine entsprechende Vertiefung fällt und der Croupier – den spiele ich – ruft: *„Rien ne va plus!"*

Im ersten Durchlauf spielen wir mit dem inneren, kleinen Rad. Die Kugel findet unweigerlich das Jahr, in welchem du das Schlüssel-Erlebnis zu deiner Sackgassen-Situation hattest. Gemeinsam – hier wieder Ping-Pong – graben wir sie aus deinem Unterbewusstsein aus. Falls du sie verdrängt hattest. Nun geht es ans Spüren, An-nehmen, Verstehen, Vergeben, sich selbst Vergeben… mit Licht und Liebe schöpferisch arbeiten…

Vielleicht ist damit unsere Stunde schon vergangen, und wir brau-chen eine weitere für das äußere, große Rad. Hier stoßen wir zwin-gend auf die Ur-Situation, die du danach in allen weiteren Leben immer wieder durchgespielt hast… bis du sie Heute erlösen darfst. In Vergebung und Selbstvergebung, mit ganz viel Licht und Lie-be…

Im Verlaufe dieser beiden Spiel-Durchgänge lernst du selbstver-ständlich auch die Seelen der anderen Spieler rund um den Rou-lette-Tisch kennen. Mit ihnen in Mitgefühl und in Liebe interagie-ren zu lernen ist nun deine Aufgabe!

Dies als kleiner Vorgeschmack auf die Dinge, die ich in meiner Eigenschaft als jugendliche Schöpfergöttin Anfang Juni 2018 auszuhecken begonnen habe. Du findest mich, wenn dieses Buch-Kind durch die Welt tanzt, im Internet unter anderer Adresse als bisher:

www.inesnandi.com